Vielseitige Ideen mit

Wild

DÖRFLER
KOCHKUNST

Die Rezepte in diesem Buch wurden mit aller Sorgfalt zusammengestellt. Eine Garantie kann jedoch nicht übernommen werden. Der Verlag schließt eine Haftung für etwaige Personen-, Sach- und Vermögensschäden aus.

Im Internet finden Sie unser Verlagsprogramm unter:
www.edition-doerfler.de

Inhalt

Zu unserem Buch:
Alle Rezepte sind – wenn nicht anders angegeben – für 4 Personen berechnet.

Abkürzungen:
cl = Zentiliter
EL = Esslöffel
g = Gramm
Gew.-Kl. = Gewichtsklasse
i. d. Tr. = in der Trockenmasse
kg = Kilogramm
l = Liter
ml = $^1/_{1000}$ l (1 g)
Msp. = Messerspitze
Pck. = Packung
1 Tasse = $^1/_8$ l (etwa eine normale Teetasse)
TK = Tiefkühl…
TL = Teelöffel

Vorwort

Wild ist immer etwas Besonderes. Wenn auch heute – im Gegensatz zum Mittelalter – der Genuss von Wild nicht mehr nur hoch herrschaftlichen Kreisen vorbehalten ist, so kommt diese Delikatesse hauptsächlich zu festlichen Gelegenheiten auf den Tisch.

Die Bezeichnung „Wildbret" ist ursprünglich ein küchentechnischer Begriff für die bratfähigen Stücke von Reh und Hirsch („Wildprat"). Heute bezeichnet der Begriff alles jagdbare und essbare Wild, also Haarwild (Feldhase, Wildkaninchen, Reh-, Rot- und Schwarzwild) und Federwild (Fasan, Rebhuhn, Wachteln, Wildenten und Wildgänse).

Die klassische Zeit für Wild ist natürlich der Herbst, dann dann beginnt die Jagdsaison und am schmackhaftesten ist frisch gejagtes Wild. Dank Tiefgefrier- und Konservierungstechnik kann man Wildfleisch inzwischen zu jeder Zeit kaufen und braucht sich nicht mehr um Jagd- und Schonzeiten zu kümmern.

Wildbret aller Art muss vor der weiteren Verarbeitung einige Tage in einem kühlen, aber frostfreien Raum abhängen. Das Abhängen sorgt für den typischen Wildgeruch und -geschmack und macht das Fleisch mürbe. Frisches Wildfleisch erkennt man hauptsächlich am Geruch. Ein fein-säuerlicher Geruch deutet auf gut durchgereiftes Fleisch hin, während ein muffiger Geruch, der berüchtigte „Hautgout", ein Alarmzeichen dafür ist, dass das Fleisch bereits am Faulen ist.

Das für Wild typische Einlegen in eine Beize ist bei jüngeren Tieren überflüssig. Eine pikant-säuerliche Beize macht allerdings das Fleisch älterer Tiere zarter und bringt eine interessante Geschmacksnote. Gebeiztes Fleisch wird aber beim Braten trockener und braucht ausreichende Fettzufuhr. Während man früher das Spicken bevorzugte, wickelt man das Fleisch heute gern in einen Speckmantel und verhindert so, dass durch das Einstechen der Nadeln Saft verloren geht. Vor allem bei Wildgeflügel sollte man an ein „Speckhemd" denken, da das Fleisch sehr zart und mager ist.

Ganz wichtig ist, dass Wild immer gut durchgegart wird, damit alle Keime und Bakterien verloren gehen, denn Wild unterliegt keiner so strengen Fleischbeschau wie etwa Rind oder Schwein.

Bei all dem, was man beachten muss, ist Wild völlig unkompliziert zuzubereiten und bietet, je nach Zutaten und Beilagen, dem Hobbykoch ungeahnte Möglichkeiten. Grund genug, nicht erst auf den nächsten offiziellen Feiertag zu warten, um sich diese kulinarische Köstlichkeit zu gönnen.

Guten Appetit!

Rehrücken en papillote

1,5 kg Rehrücken
100 g Sonnenblumenkerne
4 Scheiben Weizentoast-brot
50 g weiche Butter
2 Eigelb
20 Wacholderbeeren
5 Pimentkörner
2 EL grob gehackte Rosmarinnadeln
1 TL Dijon-Senf
Salz, Pfeffer
Butter zum Einfetten
250 g kernlose Trauben
Pergamentpapier

Den Rehrücken von Haut und Sehnen befreien und an jeder Seite am Knochen entlang 2 cm tief einschneiden. Die Sonnenblumenkerne grob hacken, das Brot toasten und fein zerbröseln. Die Brösel mit Sonnenblumenkernen, Butter, Eigelb, zerstoßenen Wacholderbeeren und Pimentkörnern, Rosmarinnadeln, Senf, Salz und Pfeffer zu einer Masse verarbeiten. Zwei entsprechend große Stücke Pergamentpapier über Kreuz legen und mit Butter einfetten. Den Rehrücken darauf legen und mit der Masse bestreichen, dabei die Masse auch in die Einschnitte füllen. Die Trauben waschen, von den Stielen zupfen und um den Rehrücken verteilen. Das Pergamentpapier locker über dem Fleisch zusammenfalten und die Ränder fest verschließen. Das Paket auf die Saftpfanne legen und auf der mittleren Schiene im auf 200 °C vorgeheizten Ofen 50 Minuten braten. Dann das Papier oben öffnen. Weitere 10 Minuten braten. Den Rehrücken noch mindestens 5 Minuten ruhen lassen. Die Filets von den Knochen lösen, in Scheiben schneiden und mit den Trauben und dem Bratensaft anrichten.

Rehrücken mit Wacholder

1,5 kg Rehrücken
Salz, Pfeffer
6 Wacholderbeeren
1 EL Pflanzenfett
6 Scheiben Speck
1 Zwiebel
1/8 l Sahne
1/2 TL Essig
Alufolie
Rotwein
1–2 EL Mehl
1 EL saure Sahne
1/2 –1 EL Johannisbeergelee

Das Fleisch waschen und trockentupfen, enthäuten und mit Salz und Pfeffer würzen. Die Wacholderbeeren zerdrücken und den Rehrücken damit einreiben. In einen Bratentopf legen, mit zerlassenem Pflanzenfett bestreichen und mit den Speckscheiben belegen. Die Zwiebel häuten, vierteln und um das Fleisch legen. Den Bräter ohne Deckel auf der mittleren Schiene bei 200 °C (Umluft 175 °C) für 75–80 Minuten in den Ofen geben. Die Sahne mit dem Essig verrühren und 15 Minuten vor Ende der Garzeit über den Rehrücken gießen. Den Braten mit Alufolie abdecken, 5 Minuten stehen lassen. Das Fleisch vom Knochen lösen, in Scheiben schneiden und auf einer vorgewärmten Platte anrichten. Den Bratensatz loskochen, mit Rotwein ablöschen, mit Mehl binden. Zuletzt die saure Sahne unterrühren und mit Salz, Pfeffer, Rotwein und Johannisbeergelee abschmecken.

Rehrücken im Gemüsebett

2 EL Butterschmalz
1,5 kg Rehrücken mit Knochen
Salz, Pfeffer aus der Mühle
1 TL Paprikapulver, edelsüß
800 g Kartoffeln
2 Dosen Gemüsemischung Jägerplatte (à 800 g)
2 Bund glatte Petersilie
2 EL Butter
4 EL Johannisbeergelee
1 EL scharfer Senf
1 EL Portwein
2 EL Orangensaft
2 EL Zitronensaft
abgeriebene Schale von 1 unbehandelten Orange
1 Msp. Ingwerpulver
Cayennepfeffer
2–3 EL Olivenöl

Butterschmalz in einer Kasserolle erhitzen. Den Rehrücken mit Salz, Pfeffer und Paprika würzen, mit dem Knochen nach unten in die Kasserolle legen und mit dem heißen Butterschmalz begießen. 15–20 Minuten im vorgeheizten Backofen bei 200 °C (Gas Stufe 3) auf der mittleren Schiene braten. Ab und zu mit Bratensaft begießen. Nach der angegebenen Bratzeit ist das Fleisch noch rosa und kann weitere drei bis vier Minuten gebraten werden.

Nach der Garzeit den Rehrücken noch fünf bis zehn Minuten im ausgestellten Ofen bei halb geöffneter Tür ruhen lassen. In der Zwischenzeit Kartoffeln schälen, waschen, halbieren und in Salzwasser garen. Gemüsemischung auf einem Sieb abtropfen lassen. Petersilie waschen, trockentupfen und grob hacken. Butter in einem Topf erhitzen, Gemüsemischung darin schwenken und mit der Petersilie bestreut servieren.

Für die Soße Johannisbeergelee und Senf erwärmen und mit dem Schneebesen glatt rühren. Portwein, Orangensaft, Zitronensaft, Orangenschale und Gewürze zufügen. Zuletzt Öl tropfenweise zugeben und Soße abschmecken.

Rehrücken mit Basilikumsoße

(für 8 Personen)

2 kg Rehrücken
250 g Butter
6–8 Scheiben Speck
Salz, Pfeffer
0,8 l Wildfond
0,2 l Chianti
1 EL Porree, gehackt
2 TL Basilikum
75 g eiskalte Butter

Den Rehrücken abtupfen. Die Butter erhitzen, 1/3 davon in einen Bräter gießen, den Rehrücken hineinlegen und mit der restlichen Butter übergießen. Den Rücken mit Speckscheiben abdecken und bei 200 °C etwa 50 Minuten braten. Dann den Braten aus dem Ofen nehmen, salzen, pfeffern und mit Alufolie bedeckt ca. 10 Minuten ruhen lassen. Die Bratbutter aus dem Bräter gießen, 1/4 l kochendes Wasser angießen und den Bratensatz loskochen. Wildfond und Chianti hinzufügen, Porree und Basilikum dazugeben. Alles zum Kochen bringen und auf etwa 1/2 l einkochen lassen. Die Soße absieben, erneut aufkochen, salzen und pfeffern. Kurz vor dem Servieren die kalte Butter in die Soße schlagen. Die Filets vom Knochen lösen, in Scheiben schneiden und mit der Soße anrichten.

Rehrücken mit Pfifferlingen

1 Rehrücken (1,2 kg)
1 TL Salz
1/2 TL weißer Pfeffer
2 TL Wacholderbeeren
40 g Butter
200 g Wildabfälle
1 Zwiebel
1 EL Mehl, Salz
8 Pfefferkörner
1 Tomate
1 TL Senf
3 EL Weinessig
5 EL Weißwein
1 EL Stärke
1 1/2 Becher Landrahm
(à 150 g)
250 g Pfifferlinge
30 g Butter

Den Rehrücken auslösen und enthäuten. Die beiden Filets mit Salz, Pfeffer und 1 TL zerdrückten Wacholderbeeren einreiben. Die Butter in einer großen Pfanne erhitzen und die beiden Rückenteile gut anbraten. Aus der Pfanne nehmen, in einen leicht gefetteten Bräter legen und im Backrohr bei 180 °C knapp 30 Minuten fertig garen. Inzwischen die Wildabfälle und die fein gewürfelte Zwiebel in dem Bratenfett scharf anbraten, mit Mehl bestäuben und braun werden lassen. 1/4 l Wasser zugießen, salzen, die Pfefferkörner, Wacholderbeeren und die gewürfelte Tomate zugeben. 15 Minuten kochen, durch ein Sieb passieren. Senf, Essig und Wein zugeben. Stärke mit etwas Wasser verrühren, mit dem Landrahm verquirlen, an die Soße geben, kurz aufwallen lassen und nochmals abschmecken. Die geputzten und gewaschenen Pfifferlinge in heißer Butter 15 Minuten braten, mit Salz und Pfeffer würzen. Das fertig gegarte Wildfleisch schräg in daumendicke Scheiben schneiden, auf eine Platte setzen und mit den Pfifferlingen servieren. Dazu passen Spätzle.

Rehrücken am Spieß

1,5 kg Rehrücken
100 g Butter
frischer Majoran, Thymian,
Rosmarin, Salbei
1/8 l süße Sahne
1/8 l saure Sahne

Den Rehrücken säubern, mit Küchenkrepp trockentupfen und auf den Spieß stecken. Die Butter mit den fein gehackten frischen Kräutern vermischen. Den Rehrücken dick mit der Mischung bestreichen und unter den Grill hängen. Den Rücken zwischendurch immer wieder mit dem herabgetropften Bratenfond bestreichen. Nach etwa 30 Minuten Garzeit den Rücken noch etwa 10 Minuten ruhen lassen. Das Fleisch vom Knochen lösen, in dicke Scheiben schneiden und auf dem Knochen anrichten. Den Bratenfond mit der Sahne loskochen und über den angerichteten Rehrücken gießen.

TIPP *Rehrücken darf auf keinen Fall ganz durchgebraten sein, er sollte innen noch rosa sein, dann schmeckt er saftiger.*

Rehrücken im Paksoimantel

(für 8 Personen)

Für die Soße:
1 kg gehackte Rehknochen
3 EL Öl
500 g Wurzelgemüse
1 EL Tomatenmark
2 Lorbeerblätter
6 Nelken
5 g Wacholderbeeren
5 g Pfefferkörrner
je 1 Zweig Thymian und Salbei, Salz
je 1/2 l Rotwein u. Wildfond
1 EL Preiselbeeren
100 ml schwarzer Johannisbeersaft, Sojasoße

Für den Rehrücken:
1 kg ausgelöster Rehrücken
Salz, Pfeffer
2 EL Butter, 1 EL Öl
3 EL Sojasoße
1 kg Paksoi
50 ml Sahne, Muskat
500 g gewässertes Schweinenetz

Für die Farce:
500 g Rehkeule
500 ml Sahne
100 ml Cognac, Madeira und Portwein
1 Zweig Thymian
10 Wacholderbeeren
6 g Pastetengewürz

Rehknochen im Ofen bei 200 °C in Öl anbraten. Gemüsewürfel und Tomatenmark dazugeben, mitbraten und nach und nach mit Wasser ablöschen. Mit Gewürzen und Kräutern abschmecken, Rotwein und Fond aufgießen und ca. 2 Stunden köcheln lassen. Preiselbeeren und Johannisbeersaft unterrühren und durch ein Sieb passieren. Dann auf die gewünschte Konsistenz einkochen lassen und mit Sojasoße abschmecken.
Den Rehrücken in vier gleich große Stücke schneiden und würzen. Butter und Öl erhitzen. Das Rehfleisch auf jeder Seite ca. 1 Minute darin anbraten, mit der Sojasoße marinieren und abkühlen lassen. Die Marinade später in die Soße geben.
Für die Farce die Rehkeule durch die feine Scheibe des Fleischwolfes drehen, mit Salz und Pfeffer würzen und mit der Sahne zu einer Farce verarbeiten. Dann durch ein Sieb streichen und in den Gefrierschrank stellen. Cognac, Madeira, Portwein, Thymian und Wacholderbeeren auf etwa 2 EL einkochen lassen. 2 EL Rehsoße dazugeben und abkühlen lassen. Dann unter die eisgekühlte Farce rühren und mit Pastetengewürz abschmecken.
Die grünen Blätter des Paksoi von den Stielen schneiden. Von den Stielen die Fäden abziehen und in 0,5 x 5 cm große Stäbchen schneiden. Blätter und Stiele in Salzwasser blanchieren. Auf einem Tuch aus den Blättern 4 gleich große Rechtecke legen. Stiele in der Sahne erhitzen und mit Salz und Muskat abschmecken.
Schweinenetz ausdrücken, ebenfalls auf Tüchern ausbreiten und in 4 Rechtecke schneiden. Rehfarce auf die Paksoiblätter streichen und die Rehrücken darin einrollen. Mit je einem Schweinenetz umwickeln und in eine Pfanne setzen. Bei 200 °C für 8 Minuten in den Ofen schieben. Dann das Schweinenetz entfernen und das Fleisch etwas ruhen lassen.
Dazu reicht man Ingwer-Äpfel, Shiitake-Pilze und Maultaschen.

Rehkeule „aux herbes"

1 Packung Rehkeule, TK (= 750 g)
1/2 Bund Petersilie
1/2 Bund Kerbel
1/4 Bund Dill
1/4 Bund Minze
1 Knoblauchzehe
1 EL Mehl
1 Eiweiß
1 EL Butterschmalz
200 ml Wildfond
4 EL Sahne

Rehkeule auftauen lassen, die Flüssigkeit abgießen und das Fleisch mit einem Teil der beiliegenden Würzmischung einreiben. Kräuter waschen und trockentupfen, Knoblauch abziehen und zusammen mit den Kräutern fein hacken. Knoblauch und Kräuter miteinander mischen.
Rehkeule erst in Mehl, dann in verquirltem Eiweiß wenden. Rundherum mit der Kräutermischung bestreuen und diese fest andrücken. Butterschmalz in einem Bräter erhitzen und die Rehkeule darin anbraten. Fond angießen und im geschlossenen Bräter ca. 70 Minuten schmoren. Fleisch warm stellen, Sahne angießen und mit der restlichen Würzmischung abschmecken. Nach Wunsch binden.
Mit Zuckerschoten und Kartoffelkroketten servieren.

Rehkeule mit Birnen

(für 6–8 Personen)

1,5 kg Rehschlegel
Salz, Pfeffer
2 EL Butterschmalz
1 Möhre
2 Lorbeerblätter
4 Wacholderbeeren
1/4 l Wildfond
250 g saure Sahne
7 EL Preiselbeeren
1 EL Mehl
1 TL Butter
3–4 Birnen
1–2 TL Zucker
1/8 l Rotwein

Rehkeule waschen, häuten und die Sehnen entfernen. Mit Salz und Pfeffer einreiben. Fett im Bräter erhitzen und das Fleisch rundherum kräftig anbraten. Die Möhre schälen, waschen und grob zerkleinern. Mit Lorbeerblättern und Wacholderbeeren zum Fleisch geben. Mit etwas Wildfond ablöschen. Im vorgeheizten Backofen bei 200 °C ca. 2 Stunden schmoren. Den Braten zwischendurch mit Fond und saurer Sahne begießen. Nach ca. 1 Stunde 2–3 EL Preiselbeeren zufügen. Mehl und Butter verkneten, kühl stellen. Die Birnen schälen, halbieren und entkernen. In wenig Zuckerwasser 8 Minuten dünsten. Den Braten warm stellen. Den Fond durchsieben, mit Rotwein aufkochen. Die Mehl-Butter-Mischung einrühren und 4 Minuten köcheln lassen, abschmecken. Die Birnen abtropfen, mit restlichen Preiselbeeren füllen und mit dem Braten anrichten.

Badische Rehkeule

(für 6 Personen)

2 kg Rehkeule
150 g fetter Speck
Pfeffer-Würzmischung
1 Lorbeerblatt
5 Wacholderbeeren
1/4 l Rotwein
2 Pck. Delikatess Rahmsoße
2 EL Johannisbeergelee
1 Zwiebel, 20 g Butter
1 Dose Pfifferlinge (190 g)
2 EL Crème fraîche
Fondor, Pfeffer

Rehkeule häuten, waschen, trockentupfen und den unteren Knochen herauslösen. Die Hälfte vom Speck in Streifen schneiden, die Rehkeule damit spicken und würzen. Den restlichen Speck in Würfel schneiden, in die Fettpfanne geben, Rehkeule darauf legen. Lorbeerblatt und Wacholderbeeren zufügen und im vorgeheizten Backofen bei mittlerer Hitze ca. 90 Minuten braten. Zwischendurch mit dem Rotwein und der Bratenflüssigkeit begießen. Fleisch herausnehmen und warm stellen.
Für die Soße den Bratensaft mit Wasser zu 1/2 l aufgießen. Rahmsoße einrühren und aufkochen lassen, das Johannisbeergelee unterrühren.
Die Zwiebel schälen, klein schneiden und in Butter andünsten.
Die Pilze abtropfen lassen, zugeben und ca. 5 Minuten mitdünsten.
Crème fraîche unterrühren. Mit Fondor und Pfeffer würzen.

Rehkeule mit Gemüse

(für 8 Personen)

1 Bund Suppengrün
2 Zwiebeln
3 Knoblauchzehen
50 g Speck
1/2 Bund Thymian
1 Zweig Rosmarin
1 EL Pfefferkörner
1 TL Wacholderbeeren
1/8 l Öl
2,5 kg Rehkeule
Salz, Pfeffer
500 g Wildknochen
2 EL Tomatenmark
3/4 l Rotwein
1/2 TL Mehl
1 TL Butter

Das Suppengrün putzen und klein schneiden. Die Zwiebeln schälen und achteln, Knoblauch schälen, den Speck würfeln. Alles mit Thymian, Rosmarin, grob gemahlenem Pfeffer und Wacholderbeeren mischen. Das Öl in einem kleinen Topf stark erhitzen. Die Rehkeule salzen, pfeffern und in die Saftpfanne legen.
Gemüse-Gewürz-Mischung und Knochen rundherum verteilen.
Das heiße Öl über die Keule gießen und auf der mittleren Schiene bei 180 °C im vorgeheizten Ofen 30 Minuten braten. Die Saftpfanne aus dem Ofen nehmen. Gemüse und Knochen in einen Topf umfüllen.
Die Keule bei 160 °C weitere 2 Stunden braten.
Gemüse und Tomatenmark anrösten, nach und nach den Wein zugießen und einkochen lassen. 2 1/2 l Wasser dazugießen und 2 Stunden offen kochen lassen. Den Backofen ausschalten, den Soßenfond absieben und auf 1/2 l einkochen lassen. Mehl und Butter verkneten, in die Soße rühren und 3 Minuten mitkochen lassen.

Rehrückenfilet mit Pfifferlingrahmsoße

700 g Rehrückenfilet
1/4 l Rotwein
1/4 l Portwein
2 Lorbeerblätter
je 1 TL Pimentkörner und Pfefferkörner
2 Zweige Thymian
Salz, Pfeffer
25 g Pflanzenfett
200 ml Wildfond
250 g Pfifferlinge
1/2 Paket Rahm-Brotaufstrich (100 g)
1–2 Tl Soßenbinder dunkel

Fleisch abspülen, trockentupfen und in ein Gefäß geben. Rotwein und Portwein darüber gießen. Lorbeerblätter zerkleinern und mit den Wacholderbeeren, Piment- und Pfefferkörnern sowie den abgespülten Thymianzweigen zufügen. Das Filet zugedeckt 8 Stunden marinieren. Das Fleisch aus der Marinade nehmen, trockentupfen und mit Salz und Pfeffer würzen. Im heißen Pflanzenfett rundherum anbraten, auf ein Backblech legen und im vorgeheizten Backofen bei 200 °C ca. 15 Minuten garen. Inzwischen den Bratensatz mit der Marinade ablöschen, aufkochen lassen und die Flüssigkeit in einen Topf geben. Wildfond zufügen und alles bei starker Hitze zu 1/4 l reduzieren. Pfifferlinge putzen. Den Fond durch ein Sieb gießen und wieder in den Topf geben. Den Brotaufstrich zufügen und so lange unter Rühren erhitzen, bis er sich aufgelöst hat. Soßenbinder einstreuen, Soße aufkochen lassen, mit Salz und Pfeffer abschmecken und die Pilze zufügen. Bei schwacher Hitze ca. 3 Minuten gar ziehen lassen. Rehrückenfilet aus dem Ofen nehmen, in Alufolie verpackt 5 Minuten ruhen lassen, dann in Scheiben schneiden. Mit der Pfifferlingrahmsoße anrichten.

Rehschnitzel mit Madeirasoße

4 Rehschnitzel
1 TL Senf
6 EL Öl
100 ml Rotwein
2 EL Rotweinessig
1 Msp. Thymian
1/2 Lorbeerblatt
1 EL Butter
2 EL Madeirawein
3 EL Orangensaft
Salz, Pfeffer

Rehschnitzel mit kaltem Wasser abspülen, mit Küchenkrepp trockentupfen und beiseite legen. Den Senf mit 4 EL Öl, Rotwein, Essig, Thymian und Lorbeer verrühren, das Fleisch darin 4–5 Stunden marinieren. Anschließend die Rehschnitzel aus der Marinade nehmen , gut abtrocknen und im übrigen Öl auf beiden Seiten 4 Minuten braten. Butter zufügen und den Fond mit Madeira und Orangensaft loskochen. Die Schnitzel salzen und pfeffern, mit der Soße servieren.

Rehsteak mit Kohlbeutelchen

1 kleiner Wirsing
3 Kalbsbratwürste
Küchengarn
200 g Pfifferlinge
20 g Butterschmalz
1/8 l Brühe
weißer Pfeffer
gehackte Petersilie
4 Rehsteaks (à 180 g) aus dem Rücken
1 TL weißer Pfeffer
geriebene Muskatnuss
Salz
4 dünne Scheiben durchwachsener Speck
2 EL Butterschmalz

Kohlkopf von den äußeren Blättern und dem Strunk befreien. Die anderen Blätter ablösen und in kochendes Salzwasser geben, etwa 5–8 Minuten garen. Herausnehmen, abtropfen lassen, die dicken Rippen flach schneiden. Aus den Würsten auf jedes Blatt etwas Wurstfüllung geben, in die Kohlblätter einschlagen und zu kleinen Beutelchen formen, mit Küchengarn zusammenbinden. Die Beutelchen zur Hälfte in Kohlwasser stehend zugedeckt 10 Minuten garen. Die Pilze putzen, waschen, abtropfen lassen und in erhitztem Butterschmalz anbraten, mit Brühe angießen, zugedeckt 15–20 Minuten garen. Würzen und mit Petersilie bestreuen.
Die Steaks mit den Gewürzen einreiben, kreisrund klopfen und mit Speckstreifen umwickeln. Mit Küchengarn zusammenbinden. In 2 EL Butterschmalz von beiden Seiten 5 Minuten braten. Von den Kohlbeutelchen das Garn entfernen, zusammen mit den Steaks und den Pilzen anrichten.

Rehmedaillons auf Linsen

150 g braune Linsen
1 Bund Suppengrün
1 Zweig Rosmarin
2 Zweige Thymian
1–2 Lorbeerblätter
8–10 Gewürznelken
5 Wacholderbeeren
2 EL Tomatenmark
2 EL Öl
1/4 l Rotwein
Salz, Pfeffer
600 ml Brühe
8 Rehmedaillons
2 EL Butterschmalz
4 TL Crème fraîche

Linsen am Vortag in kaltem Wasser einweichen. Das Gemüse putzen, waschen, die Hälfte in Stücke schneiden. Kräuter waschen und trockenschütteln. Gemüsestücke, Kräuter, Lorbeer, Nelken, Wacholder und Tomatenmark in Öl anschwitzen. Mit Wein und 1 l Wasser ablöschen. Aufkochen, würzen und ca. 1 Stunde köcheln lassen. Die Linsen abtropfen. Den Rest Suppengrün fein schneiden, mit den Linsen in der Brühe 20 Minuten garen. Die Medaillons im heißen Butterschmalz pro Seite 2–3 Minuten braten, in Alufolie ruhen lassen. Den Gemüsefond durchsieben, auf ca. 1/8 l einkochen lassen. Die Linsen abtropfen lassen, abschmecken und mit den Medaillons und Crème fraîche anrichten. Den Fond abschmecken und darüber verteilen.

Rehmedaillons mit Rosenkohl

1 kg Rosenkohl
150 g Frühstücksspeck
250 ml Brühe
8 Rehmedaillons à ca. 75 g
Salz, Pfeffer
1 EL Öl
100 g Kräuterbutter

Den Rosenkohl putzen und abspülen. Den Speck quer in 1 cm dicke Streifen schneiden und in einem Topf bei mittlerer Hitze knusprig ausbraten. Herausnehmen und beiseite stellen. Den tropfnassen Rosenkohl ins Bratfett geben, kurz anbraten und mit der Brühe ablöschen. Im geschlossenen Topf bei kleiner Hitze etwa 15 Minuten dünsten. Inzwischen die Medaillons trockentupfen und mit dem Handballen etwas flach drücken. Leicht salzen und pfeffern. Eine Pfanne stark erhitzen, Öl und etwa 2 EL Kräuterbutter erhitzen und die Medaillons darin auf beiden Seiten scharf anbraten. Die Medaillons bei mittlerer Hitze unter gelegentlichem Wenden etwa 10 Minuten braten. Den Speck zum Rosenkohl geben. Die Rehmedaillons mit der restlichen Kräuterbutter auf vorgewärmten Tellern mit dem Speck-Rosenkohl anrichten.

Rehfilet mit Gemüsegratin

500 g Kartoffeln
200 g Möhren
Fett für die Form
200 g Sahne
Salz, weißer Pfeffer
600 g Rehfilet
3 EL Öl
500 g Brokkoli
4 EL Pinienkerne
2 EL Butter
1/4 l Rosé
3 EL Johannisbeergelee
1 EL Preiselbeeren
etwas Mehl

Kartoffeln und Möhren schälen, waschen und in dünne Scheiben hobeln. Abwechselnd schuppenförmig in eine gefettete Gratinform geben. Sahne mit Salz und Pfeffer würzen und darüber gießen. Im vorgeheizten Ofen bei 200 °C ca. 50 Minuten garen. Das Fleisch waschen und trockentupfen. Mit Salz und Pfeffer einreiben. Im heißen Öl anbraten, bei mittlerer Hitze etwa 20 Minuten weiterbraten. Brokkoli putzen, waschen und in Röschen teilen. In wenig Salzwasser ca. 10 Minuten garen, abgießen. Pinienkerne kurz in heißer Butter anrösten, mit dem Brokkoli schwenken. Fleisch mit Wein ablöschen. Johannisbeergelee und Preiselbeeren einrühren. Aufkochen, mit etwas Mehl binden und abschmecken. Das Rehfilet mit Brokkoligemüse und Gratin servieren.

Rehfilet mit geschmorten Zwetschen

500 g frische Zwetschen
100 g Butter
60 g Zucker
5 EL trockener Rotwein
1 EL Rotweinessig
1 TL Zimt
Pfeffer, Salz
400 g fest kochende Kartoffeln
Muskatnuss
40 g Rapsöl zum Braten
800 g Rehfilet

Die entsteinten Zwetschen in 1 EL Butter kurz anbraten. Mit Zucker, Rotwein, Rotweinessig, Zimt, Salz und Pfeffer abschmecken und kochen lassen, bis die Zwetschen weich sind und dann im Mixer oder mit dem Mixstab pürieren. Kartoffeln schälen und waschen, mit der Küchenmaschine oder einer Handreibe grob raspeln, mit Salz und geriebener Muskatnuss würzen. Die Kartoffelraspeln zu kleinen Rösti formen und in heißem Öl braten. Den ausgebeinten Rehrücken in 2 cm dicke Medaillons schneiden, in Butter von beiden Seiten rosa braten und mit der Zwetschensoße anrichten. Dazu schmeckt gedünsteter Brokkoli.

Rehmedaillons mit Kastanienkruste

(für 6 Personen)

1 Scheibe Toastbrot
50 g Maronen
85 g Butter
1 Ei
1/2 Bund Petersilie
Salz, Pfeffer
600 g Rehknochen
250 g Suppengrün
100 g rote Zwiebeln
2 EL Pflaumenschnaps
0,8 l Wildfond
80 g Kartoffeln
1 Msp. Zimt
18 Rehmedaillons

Das Toastbrot fein zerkrümeln, die Maronen fein würfeln. 30 g Butter schaumig schlagen. Das Ei verrühren, nach und nach zur Butter geben. Petersilie fein hacken, Brot, Maronen und Ei-Butter untermischen, mit Salz und Pfeffer würzen, ruhen lassen.
Rehknochen fein hacken, Suppengrün putzen, Zwiebeln schälen, beides grob würfeln. Alles in 30 g heißer Butter kräftig braun rösten. Pflaumenschnaps und Wildfond dazugießen und auf die Hälfte einkochen lassen. Die Kartoffeln schälen und fein reiben, in den Fond geben. Die Soße 10 Minuten bei milder Hitze kochen lassen, durch ein Sieb streichen und mit Zimt, Salz und Pfeffer würzen.
Die Medaillons salzen, pfeffern, und bei starker Hitze in der restlichen Butter auf jeder Seite 2 Minuten braten. Die Medaillons auf ein Backblech setzen, etwas abkühlen lassen, die Bröselbutter gleichmäßig darauf verteilen. Unter dem Grill 5 Minuten goldbraun überbacken. Mit der Soße servieren.

Hirschmedaillons mit Früchten

8 Hirschmedaillons à 80 g
Salz, Pfeffer
100 g Pflanzenfett
75 g Leberpastete
2 EL Margarine
1 EL Weinbrand
1 Kiwi
4 Ananasstückchen (Dose)
2 Mandarinenfilets (Dose)
8 Walnusskernhälften
Melisse und Johannisbeeren zum Garnieren

Hirschmedaillons mit Küchenkrepp trockentupfen und rund binden. Mit Salz und Pfeffer würzen. Im heißen Pflanzenfett pro Seite 1 Minute scharf anbraten, dann in 3 Minuten pro Seite medium braten. Die Leberpastete mit der Margarine und dem Weinbrand cremig rühren. Mit dem Spritzbeutel (Sterntülle) kleine Rosetten auf die Medaillons spritzen, mit Kiwischeiben, Ananasstückchen, Mandarinenfilets und Walnusskernhälften belegen.
Nach Belieben mit Melisseblättern und Johannisbeeren garnieren.

TIPP *Für ein kaltes Buffet können Sie die Medaillons mit Aspik überziehen. Dazu 4 Blatt Gelatine in Wasser einweichen. Mit dem Tropfwasser in einem Topf bei geringer Hitze auflösen. Je 1/8 l entfettete Brühe und Weißwein mischen. Aufgelöste Gelatine sorgfältig unterrühren. Mit etwas Fleischextrakt und Zitronensaft abschmecken. Mit Alufolie abgedeckt in den Kühlschrank stellen. Sobald das Aspik fest zu werden beginnt, werden die Medaillons einschließlich der Fruchtstücke damit überzogen.*

Hirschsteaks mit Johannisbeersoße

3–4 Wacholderbeeren
50 g weiche Butter
5 EL Rotwein
Salz, Pfeffer
4 Hirschsteaks
4 Scheiben Frühstücksspeck
2 EL Öl
150 g Johannisbeergelee
2 TL Senf
Schale und Saft von einer unbehandelten Orange

Wacholder zerstoßen, Butter schaumig rühren. Mit Wacholder, 1 EL Wein, Salz und Pfeffer mischen. In Alufolie zur Rolle formen, kühlen. Steaks trockentupfen. Mit je 1 Scheibe Frühstücksspeck umwickeln und festbinden. Im heißen Öl pro Seite ca. 6 Minuten braten. Steaks mit Salz und Pfeffer würzen, warm stellen. Gelee, Senf, 4 EL Wein, Orangenschale und -saft in den Bratensatz rühren, aufkochen und abschmecken. Butter in Scheiben schneiden und dazu reichen.

Hirschrückenfilet mit Rotweinbirnen

2 Birnen
1/2 l Rotwein
1 Stangenzimt
3 Gewürznelken
1 EL Zucker
600 g Hirschrückenfilet
Salz, schwarzer Pfeffer
25 g Pflanzenfett
100 ml Wildfond
1 Lorbeerblatt
5 Wacholderbeeren
100 g Weichkäse mit Blauschimmel
5–6 EL Sahne
1 EL Soßenbinder, dunkel

Die Birnen schälen und so halbieren, dass der Stiel mit durchgeschnitten wird. Das Kerngehäuse entfernen. 1/4 l Wein, Stangenzimt, Nelken und Zucker in einen Topf geben, Birnen zufügen und alles zum Kochen bringen. Bei schwacher Hitze ca. 12 Minuten dünsten. Die Birnen im Rotweinsud abkühlen lassen. Das Fleisch abspülen, trockentupfen, salzen und pfeffern. Im heißen Pflanzenfett rundherum anbraten. Restlichen Rotwein, Wildfond, Lorbeerblatt und Wacholderbeeren zufügen und kurz aufkochen lassen. Das Hirschfilet bei geschlossenem Deckel und schwacher Hitze ca. 15 Minuten garen. Inzwischen den Weichkäse entrinden, fein würfeln und mit der Sahne so lange pürieren, bis eine cremige Masse entstanden ist. Käsecreme in einen Spritzbeutel mit Sterntülle füllen. Rotweinbirnen aus dem Sud nehmen und in jede Birnenhälfte einen Käsetupfen spritzen. Fleisch aus dem Rotweinfond nehmen, warm stellen. Das Lorbeerblatt entfernen. Rotweinfond aufkochen lassen. Soßenbinder einstreuen, nochmals aufkochen und die Soße abschmecken. Das Fleisch in Scheiben schneiden. Mit den gefüllten Birnen und der Soße auf Tellern anrichten. Dazu passen Bandnudeln.

Hirschfilet mit Weißweinbirnen

4 Birnen
1/4 l Gewürztraminer
1 TL Honig
1 Nelke, Zimt
600 g Hirschfilet, Öl
1 Lorbeerblatt
4 Wacholderbeeren, zerdrückt
3/8 l Wildfond
150 g Crème fraîche
1 TL Curry
1 TL eingelegte grüne Pfefferkörner
Sojasoße

Die Birnen schälen, Blütenansatz herausschneiden. Wein mit 1/4 l Wasser, Honig, Nelke und Zimt aufkochen. Birnen einlegen und zugedeckt 5–10 Minuten dünsten, im Sud warm halten.
Das Filet salzen und pfeffern, in Öl rundherum anbraten. Lorbeer und Wacholder hinzufügen, das Fleisch unter mehrmaligem Wenden in etwa 20–25 Minuten gar braten, dabei nach und nach etwas Fond zugießen. Das Filet herausnehmen, warm stellen. Restlichen Wildfond zum Bratensatz gießen, 5 Minuten leicht kochen, dann durchs Sieb in einen Topf gießen. Crème fraîche darunter schlagen, Curry und Pfefferkörner hinzufügen, sämig einkochen. Mit Sojasoße abschmecken, wenn nötig, noch etwas Curry hinzufügen. Birnen abtropfen lassen, Fleisch in Scheiben schneiden, mit der Soße servieren.

Gefüllter Hirschsaftbraten „provençale"

1 Pck. Hirschsaftbraten, TK (= 750 g)
je 1/2 grüne und rote Paprika
1/2 Zwiebel
1 Knoblauchzehe
7 grüne Oliven, entsteint
1 EL Zitronensaft
abgeriebene Schale einer halben Zitrone
1/2 TL Speisestärke
je 1/2 EL gehackte Pistazien und Pinienkerne
1 EL Butterschmalz
je 200 ml Rotwein und Brühe, 2 EL Crème fraîche

Hirschsaftbraten auftauen lassen, die Flüssigkeit abgießen, Fleisch trockentupfen und mit einem Teil der beiliegenden Würzmischung einreiben. Paprikaschoten putzen und waschen, Zwiebel und Knoblauchzehe abziehen. Für die Füllung Oliven, Paprika, Zwiebel, Knoblauch, Zitronensaft, Zitronenschale, Speisestärke, Pistazien und Pinienkerne pürieren. Eine Tasche in das Fleisch schneiden, die Füllung hineingeben und den Hirschbraten mit Küchengarn zusammenbinden. Butterschmalz in einem Bräter erhitzen und das Fleisch darin anbraten. Rotwein und Brühe angießen und ca. 70 Minuten schmoren lassen. Fleisch warm stellen, den Bratenfond mit Crème fraîche verfeinern und mit der restlichen Würzmischung abschmecken.
Dazu schmecken Rosmarinkartoffeln und Blattspinat.

Hirschrouladen

4 Hirschrouladen
Salz, Pfeffer
4 Wacholderbeeren
1 Msp. Thymian
1 EL Madeira
50 g Räucherspeck
1 Zwiebel
150 g Dörrpflaumen
1 kleine Dose Champignons
1 EL Petersilie, gehackt
3 EL Öl
2 EL Tomatenmark
4 EL Fleischbrühe
4 EL Rotwein
2 EL saure Sahne

Hirschrouladen mit Küchenkrepp abtupfen, flach klopfen, mit Pfeffer, Salz, zerdrückten Wacholderbeeren und Thymian einreiben und mit Madeira beträufeln. Speck, geschälte Zwiebel und entsteinte Pflaumen fein würfeln. Abgetropfte Champignons in dünne Scheiben schneiden. Die Rouladen mit Speck, Zwiebel, Pflaumen und Pilzen belegen, mit Petersilie bestreuen, aufrollen und mit Rouladennadeln zusammenhalten. Öl im Dampfdrucktopf erhitzen, die Rouladen darin kräftig anbraten. Tomatenmark mit Fleischbrühe und Rotwein verrühren und in den Topf geben. Den Topf schließen und nach Herstelleranweisung aufheizen. Hitze zurückschalten, sobald die gewünschte Kochstufe erreicht ist, und die Rouladen in 35–54 Minuten garen. Die Rouladen aus dem abgedampften Topf nehmen und warm stellen. Den Schmorfond mit etwas Wasser verrühren, die Sahne hineingeben, mit Salz, Pfeffer und Thymian abschmecken.

Marinierter Hirschbraten

1 kg Hirschfleisch (aus der Oberkeule)
Salz, Pfeffer
30 g Butter
1 Möhre
2 Zwiebeln
800 g Kartoffeln
100 ml Milch
50 g Grieß
1 Ei
Salz
2 Scheiben Pumpernickel
600 g Rosenkohl
1 EL Butter
1 EL Stärke
Preiselbeerkompott

Für die Marinade:
1/2 Flasche Brottrunk
1/4 l Rotwein
3/4 l Wasser
1 EL Salz
1 TL Zucker
1/2 TL weißer Pfeffer
5 Pfefferkörner
5 Wacholderbeeren
1 Lorbeerblatt
1 Möhre
1 Stück Sellerie
1 Zwiebel

Die Zutaten für die Marinade aufkochen und abkühlen lassen. Das Fleisch 1–2 Tage in der Marinade einlegen, dabei mehrmals wenden. Das Hirschfleisch aus der Marinade nehmen, trockentupfen und mit Salz und Pfeffer einreiben.
Braten in heißer Butter rundum anbraten. Mit 2 Tassen Marinade angießen. 1 klein geschnittene Möhre und 2 geviertelte Zwiebeln zugeben und zugedeckt im Bräter 1 1/4 Stunden garen.
Inzwischen die Kartoffeln schälen und in eine Schüssel mit kaltem Wasser reiben. Die Kartoffelmasse mit einem Tuch gut auspressen. Das abgepresste Kartoffelwasser auffangen, damit sich die Stärke absetzen kann. Das Wasser vorsichtig abgießen und die Stärke an die Kartoffelmasse geben. Milch erhitzen, den Grieß zugeben und quellen lassen, anschließend das Ei unterrühren und alles gut mit der Kartoffelmasse verrühren. Gut salzen. 1 Scheibe Pumpernickel in Würfel schneiden. Aus der Kartoffelmasse gleichmäßig große Knödel formen, mit Pumpernickel füllen. Die Klöße in kochendem Salzwasser ca. 20 Minuten ziehen lassen, anschließend in zerkrümeltem Pumpernickel wälzen.
Rosenkohl putzen, waschen und in Salzwasser ca. 15 Minuten kochen, abtropfen lassen und in heißer Butter schwenken.
Den Hirschbraten aus dem Bräter nehmen, warm stellen. Die Soße absieben. Die Stärke in etwas Wasser auflösen und die Soße damit binden. Kurz aufkochen lassen und nach Geschmack nachwürzen und mit Preiselbeerenkompott abschmecken. Das Fleisch in Scheiben schneiden, mit dem Rosenkohl und den Kartoffelknödeln servieren.

TIPP *Versuchen Sie doch einmal diese leckere Marinade aus: 3 Knoblauchzehen in Scheiben, 3 Zwiebeln in Scheiben, 1/2 Bund Thymian, 1 kleinen Rosmarinzweig, 100 ml Cognac und 100 ml Olivenöl.*

Polnischer Wildschweinbraten

1 Pck. Wildschweinbraten, TK (= 750 g)
1 EL Butterschmalz
125 ml Brühe
230 ml Rotwein
400 g Kartoffeln
400 g kleine Äpfel
Fett für die Form
2 Becher Sahne (à 200 g)
Salz, Pfeffer
1 Prise Muskat und Zimt
1 Zwiebel
40 g Backpflaumen
60 g Rosinen
20 g Mandelstifte
2 Lorbeerblätter
1/2 TL Thymian
1/2 TL Beifuß
2 EL saure Sahne

Wildschweinbraten auftauen lassen, die Flüssigkeit abgießen und das Fleisch mit einem Teil der beiligenden Würzmischung einreiben. Butterschmalz in einem Bräter erhitzen und Fleisch darin anbraten. Mit Brühe und Rotwein ablöschen und ca. 70 Minuten schmoren. Kartoffeln waschen, schälen und in Scheiben schneiden. Äpfel schälen, Kerngehäuse mit einem Ausstecher entfernen und Äpfel ebenfalls in Scheiben schneiden. Beides fächerartig in eine gefettete Auflaufform schichten. Sahne mit Salz, Pfeffer, Muskat und Zimt abschmecken, Kartoffeln und Äpfel damit übergießen. Gratin im vorgeheizten Backofen bei 175 Grad ca. 50–60 Minuten garen.
Zwiebel abziehen und zusammen mit den Backpflaumen fein würfeln. Fleisch warm stellen und den Bratenfond mit Zwiebel, Backpflaumen, Rosinen, Mandelstiften und Gewürzen aufkochen. Einige Minuten köcheln lassen und die Lorbeerblätter entfernen. Soße mit der restlichen Würzmischung abschmecken, mit saurer Sahne verfeinern und nach Wunsch binden.
Wildschweinbraten mit dem Apfel-Kartoffel-Gratin servieren.

Wildschweinrücken mit Kräuterkruste

4–5 EL Rosmarinnadeln
4 Knoblauchzehen
6 EL Olivenöl
2 EL Senf, Salz, Pfeffer
1 Wildschweinrücken
3–4 Frühlingszwiebeln
100 g getrocknete Tomaten, 3 Lorbeerblätter
1/4 l Rotwein
400 ml Kalbsfond
50 g Butter
20 g Mehl
4 EL Marsala

Rosmarinnadeln fein hacken. Den Knoblauch zum Rosmarin pressen. Olivenöl und Senf zugeben, daraus eine Paste rühren, salzen und pfeffern. Den Rücken rautenförmig einritzen, die Kräuterpaste auf den Rücken streichen, durchziehen lassen. Frühlingszwiebeln grob zerteilen, die Tomaten würfeln. Den Wildschweinrücken auf die Saftpfanne legen. Tomaten, Zwiebeln und Lorbeer darum verteilen. Auf der mittleren Schiene im Ofen bei 225 °C 30 Minuten braten. Dann den Rotwein und 1/8 l Wasser dazugießen. Den Rücken weitere 45 Minuten braten und zwischendurch mit Bratfond begießen. Den Braten herausnehmen und warm stellen. Mit dem Kalbsfond den Bratensatz lösen und durch ein Sieb streichen. Die Butter mit Mehl verkneten, den Fond zum Kochen bringen und die Mehlbutter einrühren. Kurz aufkochen lassen und den Marsala einrühren.

Wildschweinbraten mit Kräutersoße

800 g Wildschweinrücken
Salz, Pfeffer
3 EL Öl
1/4 l Wildfond
1 Zwiebel
50 g geräucherter, durchwachsener Speck
200 g Pfifferlinge
1 Bund Basilikum
4 Kirschtomaten
500 g Drehband-Nudeln
1 EL Butter oder Margarine
10 g Mehl
2 cl Weinbrand
1 Becher Sahne (= 200 g)

Wildschweinrücken waschen, trockentupfen, mit Salz und Pfeffer würzen und in 2 EL erhitztem Öl rundherum anbraten. Wildfond angießen und im vorgeheizten Backofen bei 200 Grad (Gas Stufe 3) ca. 30–40 Minuten schmoren. Zwiebel abziehen, würfeln, beiseite stellen. Speck würfeln, Pfifferlinge waschen und putzen. Speck auslassen und die Pfifferlinge darin kurz dünsten. Mit Salz und Pfeffer würzen. Basilikum waschen, trockentupfen, Tomaten waschen, Stielansatz entfernen. Basilikum und Tomaten in Streifen schneiden. Drehband-Nudeln nach Packungsanweisung zubereiten, abgießen, abtropfen lassen und zusammen mit Basilikum- und Tomatenstreifen in Butter oder Margarine schwenken. Fleisch herausnehmen und warm stellen. Bratenfond abgießen, beiseite stellen. Zwiebel im restlichen Öl andünsten, mit Mehl bestäuben, Weinbrand, Sahne und Bratenfond angießen und aufkochen lassen. Wildschweinrücken in Scheiben schneiden und mit Soße, Nudeln und Pfifferlingen servieren.

Überkrusteter Wildschweinrücken

(für 8 Personen)

1 Frischlingsrücken
Thymian, Salbei
Salz, Pfeffer
1/2 l roter Traubensaft
2 Möhren, 1 Zwiebel
1/4 Sellerieknolle
250 g Butter
3 Eier
3 EL Semmelbrösel
3 EL gehackte Petersilie
1 TL Zucker
1 Msp. gemahlener Zimt
150 g blaue Trauben
6 EL süße Sahne

Den Wildschweinrücken säubern, Hautreste entfernen und das Fleisch mit den Kräutern, Pfeffer und Salz kräftig einreiben und in einen Bräter legen. Den Traubensaft dazugießen und die geputzten, klein geschnittenen Möhren, Zwiebel und Sellerie beifügen.
Ca. 90 Minuten unter häufigerem Begießen bei milder Hitze schmoren lassen. Inzwischen aus der weichen Butter, den Eiern, Semmelbröseln, Petersilie, Zucker und Zimt eine Paste anrühren. Das Fleisch aus dem Bräter nehmen, abtropfen lassen und gut mit der Paste bestreichen und auf ein Blech legen. Im vorgeheizten Backofen nochmals ca. 10 Minuten überbacken, bis die Kruste goldbraun ist. Den Schmorfond durch ein Sieb passieren, die halbierten, entkernten Trauben dazugeben, aufkochen und mit der Sahne binden. Das Fleisch von den Knochen lösen, aufschneiden und mit der Soße servieren.

Marinierte Wildschweinkeule mit Kastanien

(für 8 Personen)

1 Zwiebel
1 Bund Suppengrün
1 Wildschweinkeule (ca. 2 kg)
1 Lorbeerblatt
1 Zweig Rosmarin
2 Stiele Thymian
0,7 l trockener Rotwein
75 ml Essigessenz
20 g Butterschmalz
Salz, Pfeffer
1,2 kg Rosenkohl
30 g Zucker
Saft einer Orange
2 Dosen (à 425 ml) ganze, geschälte Maronen
100 g süße Sahne
4–5 EL dunkler Soßenbinder
Orangenscheiben und Majoran zum Garnieren

Zwiebel schälen und in Ringe schneiden, Suppengrün putzen, waschen und grob zerkleinern. Fleisch abspülen und mit Zwiebelringen, Lorbeerblatt, Rosmarin, 1 Stiel Thymian und dem Suppengrün in eine Schüssel legen. Rotwein mit Essigessenz verrühren und über das Fleisch gießen. Zugedeckt 2 Tage ziehen lassen, dabei das Fleisch mehrmals wenden.

Die Keule aus der Marinade nehmen und trockentupfen. Butterschmalz in einem großen Bräter erhitzen, Fleisch darin anbraten. Salzen, pfeffern, Marinade dazugeben und zugedeckt 2 1/2 Stunden schmoren. 10 Minuten vor Ende der Garzeit die Blättchen vom restlichen Thymian auf den Braten geben.

In der Zwischenzeit Rosenkohl putzen, waschen, 10 Minuten in heißem Wasser dünsten. Mit dem Zucker in einer Pfanne karamellisieren, mit Orangensaft ablöschen und so lange rühren, bis der Zucker gelöst ist und die abgetropften Kastanien darin schwenken. Braten aus dem Bräter nehmen und warm stellen. Bratenfond durch ein Sieb in einen Topf gießen, 1/8 l Wasser zugeben und zum Kochen bringen. Sahne zugießen, Soßenbinder einrühren und Soße nochmals aufkochen lassen. Braten auf einer Platte mit dem Gemüse und den Kastanien anrichten, mit Majoran und Orangenscheibe garnieren.

TIPP *Zum Marinieren eignen sich Rot- und Portwein, Cognac, Essig, Öl, Buttermilch, Suppengrün, Zitronenschale, Knoblauch, Pfeffer, Wacholderbeeren, Thymian, Rosmarin und Lorbeer. Zum Marinieren das Fleisch am besten in einen Gefrierbeutel legen und mit Marinade begießen. Den Beutel verschließen, das Fleisch kühl stellen und ziehen lassen.*

Wildschwein in Brottrunk-Marinade

(für 8 Personen)

Für die Marinade:
2 Möhren
2 Zwiebeln
1/4 Sellerieknolle
2 Petersilienwurzeln
2 Lorbeerblätter
8–10 Wacholderbeeren
1 EL Zuckerrübensirup
Salz, Pfeffer
1/2 l Rotwein
0,7 l Brottrunk

Für den Braten:
2 kg Wildschweinbraten aus der Keule
150 g durchwachsener Speck
2 Möhren für den Bratfond
1/2 Stange Lauch
2 Zwiebeln
1 Knoblauchzehe
400 g Möhren
500 g Maronen
4 EL Butter
2 EL Zucker
1 EL Enzym-Ferment-Getreide
1 EL Mehl
5 EL Rotwein
100 ml süße Sahne

Das für die Marinade gedachte Gemüse putzen und waschen. Die Zwiebeln schälen und vierteln, Möhren und Sellerie klein schneiden und alles zusammen mit den Gewürzen und dem Rotwein aufkochen. Abkühlen lassen und den Brottrunk zugeben. Den Wildschweinbraten vorbereiten und in der Marinade einlegen, so dass das Fleisch bedeckt ist. Kalt stellen und zwei Tage in der Marinade ziehen lassen.
Anschließend das Fleisch aus der Marinade nehmen, abtropfen lassen und trockentupfen. Die Marinade aufheben. Den durchwachsenen Speck würfeln und im Bräter anbraten. Möhren, Lauch und Zwiebeln waschen, putzen, klein schneiden, mit der Knoblauchzehe zum Speck geben und kurz andünsten. Den Braten salzen, pfeffern und von allen Seiten scharf anbraten. 3/4 l Wasser und 1/2 l der durchgesiebten Marinadenflüssigkeit zugeben und kurz aufkochen lassen. Anschließend im zugedeckten Bräter bei 220–230 °C gut 2 Stunden fertig garen, dabei gegebenenfalls Marinade nachgießen. Inzwischen die Möhren und die Maronen jeweils 15 Minuten lang kochen. Die noch heißen Maronen schälen. 2 EL Butter in einer Pfanne erhitzen, 1 EL Zucker zugeben und die Maronen darin einige Minuten glacieren. Anschließend die Möhren in der restlichen Butter mit dem verbliebenen Zucker glacieren. Nach Abschluss der Garzeit den Wildschweinbraten aus dem Bräter nehmen. Den Bratensud mit Enzym-Ferment-Getreide und etwas Mehl binden, mit Rotwein und Sahne verfeinern und durch ein Sieb streichen. Mit den glacierten Möhren und Maronen servieren. Dazu passen Semmelknödel.

Hasenrücken mit Weißwein-Knoblauchsoße

1 Pck. Hasenrücken, handgespickt, TK (ca. 650 g)
Salz, Pfeffer
3 Knoblauchzehen
1 Lorbeerblatt, Thymian
3 Wacholderbeeren
4 Schalotten
1/4 l Weißwein
1 rote Paprikaschote
1 Zwiebel
1 EL Öl
1 kleiner Apfel
1 Wirsing (ca. 900 g)
3 EL Butter
1/8 l Apfelsaft
Muskat
20 g Mehl
3 EL Crème fraîche

Hasenrücken nach Packungsanweisung auftauen lassen, abwaschen und trockentupfen, in eine Auflaufform legen und mit Salz und Pfeffer würzen. Knoblauch abziehen, fein hacken. Lorbeerblatt, Thymian, Wacholderbeeren, halbierte Schalotten und Knoblauch zugeben. Weißwein und 1/4 l Wasser angießen. Zugedeckt im Backofen bei 180 °C ca. 45 Minuten garen.
Paprikaschote putzen, waschen, Zwiebel abziehen. Beides würfeln und in erhitztem Öl andünsten. Apfel waschen, halbieren, entkernen und in Spalten schneiden. Wirsing putzen und in Streifen schneiden, mit einem Esslöffel Butter und Apfelsaft zu dem Gemüse geben und ca. 20 Minuten dünsten. Fünf Minuten vor Ende der Garzeit die Apfelspalten zugeben. Gemüse mit Salz, Pfeffer und Muskat abschmecken. Hasenrücken aus der Auflaufform nehmen. Weißweinsud abseihen. Mehl in restlicher erhitzter Butter anschwitzen, Weißweinsud zugeben und aufkochen lassen. Mit Crème fraîche, Salz und Pfeffer abschmecken. Soße zum Hasenrücken und Wirsinggemüse servieren. Dazu passen Spätzle.

Hasenrücken „Lukull"

2 Pck. Hasenrücken, TK (à 650 g)
1 Zucchini
2 Fleischtomaten
1/2 Stange Staudensellerie
1 Gemüsezwiebel
Salz, Pfeffer
1 TL italienische Kräuter
1/2 TL Thymian
1/2 TL Oregano
1/2 l Weißwein
250 g grüne Bandnudeln
1 Becher Sahne (= 200 g)

Hasenrücken nach Packungsanweisung auftauen lassen, abwaschen und trockentupfen. Zucchini, Tomaten und Staudensellerie waschen, Zucchini in Würfel, Tomaten in Scheiben und Staudensellerie in Stücke schneiden. Gemüsezwiebel abziehen, ebenfalls in Scheiben schneiden. Gemüse in einen Bräter geben und mit Salz, Pfeffer, italienischen Kräutern, Thymian und Oregano würzen. Wein angießen. Hasenrücken auf das Gemüsebett legen und im Backofen bei 160 °C ca. 2 Stunden garen. Dabei mehrfach den Hasenrücken mit dem Gemüsesud übergießen. Bandnudeln nach Packungsanweisung zubereiten. Hasenrücken aus dem Bräter nehmen, das Fleisch vom Knochen abtrennen und in Scheiben geschnitten auf Tellern anrichten. Etwas Gemüse als Beilage dazugeben. Restliches Gemüse pürieren und mit Sahne verfeinern, mit Gewürzen abschmecken. Gemüsesoße und Bandnudeln zusammen mit dem Fleisch servieren.

Hasenrücken „Schlossherren Art"

1 Pck. Hasenrücken handgespickt, TK (= 650 g)
Salz, weißer Pfeffer
5 Wacholderbeeren
1/2 TL Pfefferkörner
1 Möhre
1 Petersilienwurzel
100 g Knollensellerie
10 g frischer Ingwer
2 kleine Zwiebeln
2 EL Speiseöl
gemahlene Muskatnuss
1/4 l trockener Rotwein
450 g Brokkoli (TK)
1 gestrichener EL Mehl
200 g blaue Weintrauben
2 EL Preiselbeeren
1 Bund Petersilie

Hasenrücken nach Packungsanweisung auftauen lassen, abwaschen, trockentupfen und mit einer Gewürzmischung aus Salz, Pfeffer, zerdrückten Wacholderbeeren und Pfefferkörnern einreiben. Möhre, Petersilienwurzel, Sellerie und Ingwer putzen, waschen und klein schneiden. Zwiebeln schälen, würfeln und gemeinsam mit dem Hasenfleisch in erhitztem Öl in einem Bratentopf anbraten, mit Muskat bestreuen und mit Rotwein ablöschen.Möhre, Petersilienwurzel, Sellerie und Ingwer um den Hasenrücken verteilen. Im vorgeheizten Backofen bei 220 °C ca. 20 Minuten garen, dann im abgeschalteten Ofen weitere 10 Minuten ruhen lassen. In der Zwischenzeit Brokkoli nach Packungsanweisung zubereiten. Die Bratensoße durch ein Sieb passieren und erhitzen. Mehl mit zwei Esslöffeln Wasser verrühren, die Soße damit binden. Trauben waschen, halbieren, entkernen und zusammen mit Preiselbeeren in die Soße rühren. Hasenrücken mit der Soße auf Tellern anrichten. Petersilie waschen, trockentupfen, fein zupfen und das Fleisch damit garnieren. Nach Wunsch den Brokkoli mit Mandelblättchen bestreuen. Dazu schmecken Kartoffel-Mandel-Bällchen.

Hasenrücken mit Kirschrahmsoße

100 g Räucherspeck
2 EL Butterschmalz
2 Hasenrücken (à 600 g)
Salz, weißer Pfeffer
6 Schalotten
200 ml Wildfond
100 ml Weißwein
4 Zweige Thymian
6 EL Sauerkirschen
50 ml Kirschsaft
200 g Schlagsahne

Den gewürfelten Speck in einem Bratentopf im Fett anbraten und herausnehmen. Die Hasenrücken quer halbieren, trockentupfen, würzen, im Speckfett anbraten und auch herausnehmen. Schalotten würfeln und im Fett glasig dünsten. Mit Fond und Wein ablöschen. Die Hasenrücken mit Speck und Thymian hineingeben und zugedeckt im 200 °C heißen Ofen 40 Minuten unter häufigem Übergießen mit Bratenflüssigkeit garen. Nach 20 Minuten Kirschen mit Saft und Sahne zufügen. Die Rücken aus dem Bräter nehmen, in Alufolie wickeln und im abgeschalteten Ofen noch 5 Minuten ruhen lassen, von den Knochen lösen und mit der Soße servieren.

Hasenrücken „Mango-Traum"

1 Pck. Hasenrücken handgespickt, TK (= 650 g)
8 cl Wermut
2 Zweige Zitronenmelisse
1 Zweig Rosmarin
2 Lorbeerblätter
2 Zwiebeln
2 EL Butter
1 kleine Dose Mangos (410 g)
1 Becher Crème fraîche (150 g)
Salz, frisch gemahlener Pfeffer

Hasenrücken auftauen lassen, waschen, trockentupfen und mit Wermut übergießen. Zitronenmelisse und Rosmarin waschen, mit den Lorbeerblättern auf dem Hasenrücken verteilen und im Kühlschrank ca. 3 Stunden marinieren. Zwiebeln abziehen und würfeln. Butter erhitzen, Hasenrücken darin anbraten, Zwiebeln dazugeben und mitanbraten. Marinade angießen und alles abgedeckt im vorgeheizten Backofen bei 200 °C ca. 45 Minuten schmoren. Mangos abtropfen lassen, Saft auffangen. Hasenrücken warm stellen und den Fond mit Crème fraîche und 5 EL Mangosaft verrühren. Mit Salz und Pfeffer abschmecken. Die Mangos in Würfel schneiden und in die Soße geben. Fleisch vom Knochen lösen, mit Soße und nach Wunsch mit Kroketten servieren.

Hasenrücken mit Rahmsoße

(für 2 Personen)

1 großer Hasenrücken
Salz, Pfeffer
3 Wacholderbeeren, zerdrückt
100 g Butter
2 EL Cognac
1/2 EL Mehl
100 ml Wildfond
4 EL Sahne

Den Hasenrücken mit Küchenkrepp abtrocknen. Etwas Salz und Pfeffer mit den Wacholderbeeren mischen und den Hasenrücken damit kräftig einreiben. 75 g Butter in einem Bräter erhitzen. Warten, bis sie nicht mehr schäumt, dann den Hasenrücken darin rundherum anbraten. Die restliche Butter zufügen, den Deckel schräg auf den Topf legen und die Hitze reduzieren. Etwa 15–18 Minuten braten.
Den Hasenrücken aus dem Topf nehmen und warm stellen, nach Belieben vorher mit Cognac flambieren. Die Bratbutter bis auf 2 EL aus dem Topf entfernen. Das Mehl einrühren und unter ständigem Rühren den Fond zufügen. Weiterrühren, bis eine ziemlich dicke Soße entstanden ist. Die Soße 5 Minuten durchkochen lassen, dann die leicht angewärmte Sahne einrühren. Weiterrühren, bis eine glatte Soße entstanden ist. Nach Belieben durchsieben, dann nochmals kurz durchkochen. Den Hasenrücken auf eine vorgewärmte Platte legen und mit einem Teil der Soße überziehen. Die restliche Soße gesondert dazu reichen.

Hasenkeule mit Pfeffer-Mascarpone-Soße

1 Pck. gespickte Hasenkeulen TK (ca. 850 g)
Salz
1 EL bunter Pfeffer
1/4 l Weißwein
3 EL Mascarpone
2 EL Aprikosenkonfitüre
1 Pck. Semmelknödel in Kochbeuteln
1 TL Mehl
2 EL Sahne
2 TL grüner Pfeffer

Hasenkeulen nach Packungsanweisung auftauen lassen, abwaschen und trockentupfen. In eine feuerfeste Form geben und mit Salz und buntem Pfeffer bestreuen. Im Backofen bei 200 °C ca. 20 Minuten garen. Weißwein angießen, Mascarpone und Konfitüre unterrühren, zugedeckt bei 140 °C ca. 40 Minuten ziehen lassen. In der Zwischenzeit Semmelknödel nach Packungsanweisung zubereiten. Hasenkeulen aus der Soße nehmen. Mehl und Sahne verquirlen, die Soße damit binden und aufkochen lassen, durch ein Sieb geben und anschließend Pfefferkörner zugeben. Soße etwas einkochen lassen. Nach Wunsch mit Salz und buntem Pfeffer abschmecken und mit den Hasenkeulen anrichten. Semmelknödel dazu reichen. Das Gericht nach Wunsch mit Basilikumzweigen dekorieren.

Hasenkeulen „Milchhäuschen"

1 Pck. Hasenkeulen handgespickt, TK (= 1000 g)
1 Bund frischer Majoran
2 Lorbeerblätter
7 Wacholderbeeren
abgeriebene Schale einer unbehandelten Zitrone
1 TL Salz
je 1/2 TL gemahlener Pfeffer und Koriander
je 2 rote und grüne Paprikaschoten
1 Bund Frühlingszwiebeln
3 Schalotten
1/8 Liter Weißwein
3 Knoblauchzehen
2 Becher Jogurt (à 150 g)

Hasenkeulen auftauen lassen, abwaschen und trockentupfen. Speckstreifen entfernen und später zum Braten verwenden. Majoran fein hacken, einige Blätter zum Verzieren zurückbehalten. Lorbeerblätter fein zerreiben, mit den zerdrückten Wacholderbeeren, Zitronenschale, Salz, Pfeffer, Koriander und Majoran mischen. Die Fleischstücke mit der Gewürzmischung einreiben und in einen flachen Topf legen. Abgedeckt 1 Stunde im Kühlschrank marinieren lassen. Paprikaschoten in Streifen schneiden. Frühlingszwiebeln in größere Stücke schneiden, Schalotten fein würfeln. In einem Schmortopf die zurückbehaltenen Speckstreifen auslassen, darin die gut abgetropften Hasenkeulen rundherum anbraten und mit Weißwein ablöschen. Das Gemüse um das Fleisch legen. Knoblauchzehen abziehen, zerdrücken und zum Fleisch und Gemüse geben. Bei 200 °C im Backofen ca. 35 bis 40 Minuten schmoren lassen. Die gegarten Hasenkeulen und das Gemüse aus dem Schmortopf nehmen und warm stellen. Jogurt in die Schmorflüssigkeit einrühren, kurz aufkochen, zurückbehaltene Majoranblätter zugeben und nach Geschmack kräftig mit Salz, Pfeffer und Koriander würzen. Hasenkeulen mit der Jogurtsauce auf Tellern anrichten. Dazu das mitgeschmorte Zwiebel-Paprika-Gemüse servieren.

Gaucho-Hasenpfanne

1 Pck. Hasenkeulen, TK
(ca. 800 g)
3 EL Öl
2 Knoblauchzehen
1/4 l Fleischbrühe
1 TL Tomatenmark
Salz, Pfeffer
Paprikapulver
1 Gemüsezwiebel
1 Fleischtomate
je 1 rote, gelbe und grüne Paprikaschote
1 kleine Chilischote
500 g Kartoffeln
einige Zweige frischer Majoran

Hasenkeulen nach Packungsanweisung auftauen lassen, abwaschen und trockentupfen. Öl in einer großen Pfanne erhitzen, Hasenkeulen darin von allen Seiten anbraten. Knoblauchzehen abziehen, zerdrücken und zugeben. Fleischbrühe angießen, Tomatenmark einrühren. Mit Salz, Pfeffer und Paprika würzen, Deckel auf die Pfanne geben und die Hasenkeulen 30 Minuten schmoren.
In der Zwischenzeit Zwiebel abziehen, Tomate mit heißem Wasser überbrühen, einritzen und abziehen, beides in Scheiben schneiden. Paprikaschoten putzen, waschen und in kleine Rauten, Chilischote in Ringe schneiden. Kartoffeln schälen, waschen, im Ganzen mit dem Gemüse zu den Hasenkeulen geben und weitere 30 Minuten schmoren. Nochmals mit den Gewürzen abschmecken, mit frischem Majoran garnieren und servieren. Dazu nach Wunsch Fladenbrot reichen.

Hasenkeule mit Linsen

200 g Linsen
350 ml Wildfond
4 Hasenkeulen
1 Zweig Rosmarin
Pfeffer
16 Scheiben Speck
3 EL Öl
400 g Kartoffeln
150 g Möhren
150 g Knollensellerie
2 Zwiebeln
1 Knoblauchzehe
20 g Butter
100 g Porree
Salz
Zucker

Die Linsen im Wildfond einmal aufkochen, von der Herdplatte nehmen, im geschlossenen Topf 1 Stunde ausquellen lassen. Die Hasenkeulen mit Rosmarin spicken, pfeffern und mit Speck umwickeln. Speckscheiben mit Stäbchen feststecken. 2 EL Öl in einem Bräter erhitzen. Die Keulen darin von jeder Seite 5 Minuten anbraten, dann zugedeckt im vorgeheizten Ofen bei 200 °C 30 Minuten garen. Anschließend die Keulen offen weitere 10 Minuten braten, dabei ab und zu mit dem Bratensaft übergießen. In der Zwischenzeit die Kartoffeln, Möhren und Sellerie schälen, grob würfeln. Zwiebeln und Knoblauch schälen und grob hacken. Das restliche Öl und die Butter im Topf erhitzen. Das Gemüse darin andünsten, die Linsen unterheben. Das Ganze zugedeckt bei milder Hitze 7–10 Minuten garen. Den Porree dazugeben und weitere 3–5 Minuten garen. Die Hasenkeulen aus dem Bräter nehmen. Den Bratensaft unter das Linsengemüse mischen. Mit Salz, Pfeffer und 1 Prise Zucker würzen. Das Linsengemüse mit den Hasenkeulen servieren.

Hasenkeule „aux cognasses-chalottes"

(für 3 Personen)

1 Pck. Hasenkeulen, handgespickt, TK (= 900 g)
Salz, Pfeffer
1 TL Thymian
2 EL Butterschmalz
1 Quitte (ersatzweise 1 Apfel)
4 Schalotten
3 TL Balsamico-Essig
50 ml trockener Rotwein
Zucker

Hasenkeulen auftauen lassen, die Flüssigkeit abgießen, Fleisch trockentupfen und Hasenfett vollständig entfernen. Hasenkeulen mit Salz, Pfeffer und Thymian einreiben. Butterschmalz in einem Bräter erhitzen und die Keulen darin anbraten. Bei kleiner Hitze im geschlossenen Bräter ca. 60 Minuten braten, zwischendurch mehrmals wenden. Quitte putzen, waschen und in kleine Würfel schneiden. Schalotten abziehen und fein würfeln. Fleisch aus dem Bräter nehmen. Quitte und Schalotten im Bratensatz anbraten. Mit Balsamico und Rotwein ablöschen, mit Zucker, Salz und Pfeffer pikant abschmecken. Dazu passen mit frischen Kräutern bestreute Kartoffeln.

Hasenkeulen in Portweinsoße

4 Hasenkeulen
Salz, Pfeffer
2–3 EL Mehl
125 g Butter
300 ml Wildfond
300 ml Portwein
2 EL Porree, klein geschnitten
1 TL Rosmarin
1 Lorbeerblatt
½ TL Thymian
4 Wacholderbeeren, zerdrückt
50 g eiskalte Butter

Hasenkeulen abtupfen, mit einer Mischung aus Salz und Pfeffer einreiben und mit Mehl bestäuben. 100 g Butter in einem Topf erhitzen. Sobald sie nicht mehr schäumt, die Keulen darin von allen Seiten braun anbraten. Weitere 25 g Butter zufügen, den Deckel schräg auf den Topf setzen und die Hitze drosseln. Die Keulen in 40 Minuten braten.

Fond und Portwein in einem Topf zum Kochen bringen. Porree, Rosmarin, Lorbeer, Thymian und Wacholderbeeren zufügen. Alles einkochen, bis nicht mehr als 300 ml übrig sind. Die Flüssigkeit durch ein angefeuchtetes Tuch sieben und beiseite stellen. Die Keulen aus dem Topf nehmen, warm stellen. Die Bratbutter abgießen, den Fond mit 100 ml Wasser ablöschen und einkochen, bis nicht mehr als 3 EL übrig sind. Die Flüssigkeit durch ein Tuch filtern, zu der eingekochten Weinmischung geben. Alles schnell zum Kochen bringen und vor dem Servieren die eiskalte Butter unterschlagen.

Hasengeschnetzeltes in Steinpilzsoße

1 Pck. Hasenläufe, TK (ca. 600 g)
100 g gewürfelter Speck
2 Zwiebeln
250 g Steinpilze aus der Dose
Salz, Pfeffer
1 Becher Sahne (= 200 g)
2 EL gehackte Petersilie
250 g grüne Bandnudeln

Zum Verzieren:
8 kleine, halbierte Tomaten
frische, gehackte Petersilie

Hasenläufe nach Packungsanweisung auftauen lassen, abwaschen und trockentupfen. Fleisch vom Knochen lösen und in Streifen schneiden. Speck in einer Pfanne auslassen, das Fleisch darin anbraten. Zwiebeln abziehen, würfeln und zugeben. Die Steinpilzflüssigkeit angießen und alles mit Salz und Pfeffer würzen. Zugedeckt ca. 20 Minuten schmoren lassen. Steinpilze in Scheiben schneiden und zufügen. Sahne angießen, alles bei starker Hitze so lange kochen, bis eine sämige Soße entstanden ist. Mit Salz, Pfeffer und Petersilie abschmecken. Bandnudeln in einem großen Topf mit Salzwasser ca. acht Minuten kochen und zum Hasengeschnetzelten servieren. Nach Wunsch mit halbierten Tomaten und frischer Petersilie garnieren.

Hasenläufe in Safransoße

2 Pck. Hasenläufe, TK (à 600 g)
Salz, weißer Pfeffer
3 EL Speiseöl
1 EL Butter oder Margarine
10 Schalotten
250 g Fleischtomaten
1/8 l trockener Weißwein
1/4 l Fleischbrühe
1 Becher Sahne (= 200 g)
2 Messerspitzen gemahlener Safran
Salz, Pfeffer
Cayennepfeffer
3 EL Pinienkerne
1 Bund Petersilie

Hasenläufe nach Packungsanweisung auftauen lassen, abwaschen, trockentupfen, rundherum mit Salz und Pfeffer einreiben. In einem Bratentopf Öl und Butter erhitzen und die Hasenteile kräftig darin anbraten. Schalotten abziehen, vierteln, zugeben und kurz mitbraten. Fleischtomaten kreuzweise einschneiden, mit kochendem Wasser übergießen, häuten, in Stücke schneiden und zufügen.
Weißwein, Fleischbrühe und Sahne angießen, Safran zugeben und alles zusammen aufkochen. Abgedeckt bei mittlerer Hitze ca. 25 Minuten garen. Mit Salz, Pfeffer und Cayennepfeffer abschmecken. Pinienkerne in einer trockenen Pfanne goldgelb rösten, Petersilie waschen und hacken. Das Fleisch mit der Soße auf Tellern anrichten, Pinienkerne und Petersilie über das Fleisch streuen. Mit den geschmorten Schalotten und Tomaten servieren. Dazu schmeckt Langkornreis und ein trockener Roséwein.

Hase nach Luzerner Art

2 Pck. Hasenläufe, TK (à 600 g)
3 EL Speiseöl
Salz, Pfeffer
frischer Majoran und Thymian
1 Möhre, 1 Zwiebel
1 Zweig Selleriekraut
1 Lorbeerblatt
1 Gewürznelke
1 Bund Petersilie
1/2 l Fleischbrühe
1 Glas Rotkohl (= 680 g)
1 EL Zitronensaft
2 TL Düsseldorfer Senf
1 TL Speisestärke
1–2 EL Crème fraîche

Hasenläufe nach Packungsanweisung auftauen lassen, abwaschen, trockentupfen, in erhitztem Öl rundherum anbraten und mit Salz und Pfeffer würzen. Majoran und Thymian waschen, fein hacken und zum Fleisch geben. Möhre putzen, Zwiebel schälen und beides in drei bis vier größere Stücke schneiden. Möhren- und Zwiebelstücke, Selleriekraut, Lorbeerblatt, Nelke und Petersilie mit dem Fleisch zusammen zwei bis drei Minuten anbraten. Mit der Hälfte der Fleischbrühe ablöschen, zugedeckt bei mittlerer Hitze 45 Minuten schmoren lassen. Zwischendurch nach Bedarf mit restlicher Brühe auffüllen. Rotkohl in einen Topf geben und erhitzen. Das Hasenfleisch herausnehmen und warm halten. Bratensud durch ein Sieb passieren, Zitronensaft und Senf einrühren und die Soße etwas einkochen lassen und mit Stärke binden. Mit Crème fraîche verfeinern. Das Fleisch mit der Soße und dem Rotkohl anrichten. Mit Majoran und Thymian dekoriert servieren. Dazu schmecken Röstitaler.

Hase mit Paprikasoße

1,2 kg Hasenläufe
Salz, weißer Pfeffer
Thymian
3 EL Mehl
175 g Butter
2 Zwiebeln, gehackt
1 Knoblauchzehe, gehackt
1 1/2 EL Paprika, edelsüß
1 EL Tomatenmark
1 rote Paprika, gewürfelt
1 EL Porree, geschnitten
1/8 l saure Sahne
1 EL Schnittlauchröllchen

Die Hasenteile abtupfen, mit Salz, Pfeffer und Thymian einreiben und mit etwas Mehl bestäuben. 125 g Butter erhitzen und den Schaum wegziehen lassen. Das Fleisch darin von allen Seiten anbraten. Ein Stückchen Butter zufügen, den Deckel schräg auf den Topf legen und die Hitze drosseln. Das Fleisch etwa 45 Minuten braten. Das Fleisch herausnehmen und warm halten. Die Bratbutter bis auf 3–4 EL abgießen. Die Zwiebeln glasig dünsten, den Knoblauch und das Paprikapulver zufügen. Alles gut durchrühren und 1 1/2 EL Mehl darüberstreuen, gründlich verrühren. Tomatenmark und 200 ml Wasser zufügen. Unter ständigem Rühren 5 Minuten köcheln lassen. Die Soße durch ein Sieb drücken. Die Soße in einem kleinen Topf zum Kochen bringen, leicht salzen. Paprikawürfel und Porree dazugeben. Alles 3 Minuten leicht durchkochen lassen, dann die saure Sahne einrühren. Die Hasenteile mit der Soße anrichten, mit Schnittlauch bestreuen.

Feinschmecker Hasengeschnetzeltes

2 Pck. Hasenrückenfilets, TK (à 300 g)
2 EL Mehl
9 EL Walnussöl
Salz, Pfeffer
2 große, reife Williams-Birnen
2 Becher Sahne (à 200 g)
4 EL Portwein
2 TL grüne Pfefferkörner
1 Kopf Radicchiosalat
2 EL Essig
1 EL Schnittlauchröllchen

Hasenrückenfilets nach Packungsanweisung auftauen lassen, abwaschen und trockentupfen. Fleisch in Scheiben und diese in Streifen schneiden, mit Mehl bestäuben. 4 EL Öl in einer Pfanne erhitzen, Fleischstreifen darin anbraten, 150 ml Wasser zugeben und alles ca. 10 Minuten dünsten. Mit Salz und Pfeffer würzen. Birnen schälen und halbieren, Kerngehäuse herausschneiden und die Birnenhälften in Spalten schneiden, zugeben, Sahne angießen, die Soße kurz aufkochen lassen und mit Portwein abschmecken. Pfefferkörner zugeben. Radicchiosalat waschen und in mundgerechte Stücke zupfen. Für die Salatsoße restliches Öl, Essig, Salz und Pfeffer verrühren. Schnittlauchröllchen zugeben, Salat untermengen. Hasengeschnetzeltes nach Wunsch mit Estragonzweigen verzieren und mit Radicchiosalat servieren.

Ratsherrentopf mit Hasenfilet

750 g Kartoffeln
2–3 Möhren
100 g Schalotten
2 EL Öl
Salz, Pfeffer
170 g Butter
600 g ausgelöster Hasenrücken
2 Beutel (à 30 g) Sauce hollandaise
4 EL Portwein
1 Bund Petersilie

Kartoffeln und Möhren schälen, waschen. Kartoffeln in Spalten, Möhren in Scheiben schneiden. Schalotten schälen und halbieren. Öl erhitzen, Kartoffeln darin ca. 10 Minuten unter Wenden kräftig anbraten. Möhren und Schalotten zufügen und weitere 15 Minuten braten. Mit Salz und Pfeffer würzen. 20 g Butter erhitzen. Filets darin rundherum 10 Minuten braten. 1/4 l Wasser erwärmen, Soßenpulver einrühren und aufkochen lassen. Nach und nach 150 g Butter in Stückchen bei schwacher Hitze einrühren. Portwein zu den Filets geben und aufkochen. Filets herausnehmen und warm stellen. Bratfond an das Gemüse gießen und abschmecken. Petersilie hacken und unter das Gemüse ziehen. Die Filets aufschneiden und auf dem Gemüse anrichten. Mit der Soße servieren.

Hasenrückenfilets mit Calvados-Soße

2 Pck. Hasenrückenfilets, TK (à 300 g)
Salz, Pfeffer
2 EL Öl
3 EL Butter
4 cl Calvados
125 ml Fleischbrühe
1 Becher Sahne (= 200 g)
1 säuerlicher Apfel
1 Pck. Knödel halb und halb
1/2 Bund gehackte Petersilie
50 g Mandelblättchen

Hasenrückenfilets nach Packungsanweisung auftauen lassen, abwaschen und trockentupfen. Filets in ca. 5 cm lange Stücke schneiden, mit Salz und Pfeffer würzen. Öl und 1 EL Butter zusammen erhitzen, das Fleisch von allen Seiten darin anbraten. Calvados angießen, anzünden und flambieren. Mit Fleischbrühe und Sahne ablöschen. Apfel waschen, vierteln, Kerngehäuse entfernen, in Spalten schneiden und zugeben. Bei starker Hitze kochen, bis die Soße sämig ist. Nochmals mit Salz und Pfeffer abschmecken. Knödelteig nach Packungsanweisung zubereiten, mit gehackter Petersilie und Mandelblättchen verkneten und zu kleinen Klößchen formen. Diese ca. 10 Minuten in heißem Salzwasser ziehen lassen (nicht kochen). Restliche Butter in einer Pfanne schmelzen und Klößchen darin schwenken. Zu den Hasenrückenfilets in Calvados-Soße servieren.

Hasenfilets mit Honig und Thymian

2 große Hasenrücken
Salz
Pfeffer
80 g Butter
1/4 l Wildfond
2 TL Honig
2 EL Portwein
3 Zweige Thymian

Die Filets von den Hasenrücken lösen, mit Küchenkrepp abtrocknen, leicht salzen und pfeffern. 60 g Butter in einer Pfanne erhitzen und warten, bis sie nicht mehr schäumt. Die Filets in die Pfanne legen und in 4–5 Minuten rundherum braun anbraten. Fleisch aus der Pfanne nehmen und warm halten. Die Bratbutter entfernen und die Pfanne mit 100 ml Wasser ablöschen. Alle Ansätze vom Pfannenboden loskochen. Die Flüssigkeit auf 2 EL einkochen. Den Wildfond erhitzen. Die eingekochte Flüssigkeit absieben und mit Honig und Portwein zum Fond geben. Die Thymianzweige zufügen und die Brühe einkochen, bis nicht viel mehr als 200 ml übrig sind. Die Thymianzweige entfernen, die Soße mit Salz und Pfeffer abschmecken. Restliche Butter in die Soße schlagen, dabei den Topf von der Herdplatte nehmen. Die Filets in Scheiben schneiden, mit der Soße servieren.

Hasenfilet der Señora

2 Pck. Hasenrückenfilets, TK (à 300 g)
Salz, Pfeffer
Paprikapulver
2 EL Öl
1 kleine Dose Ananasscheiben (= 315 ml)
1 Becher Sahne (= 200 g)
125 ml Weißwein
1 kleine Banane
1 TL grüner Pfeffer
2 Beutel Spitzen-Langkornreis (à 125 g)
Chilipulver
4 Cocktailkirschen
Minzeblättchen

Hasenrückenfilets nach Packungsanweisung auftauen lassen, abwaschen und trockentupfen. In ca. 5 cm lange Stücke schneiden, mit Salz, Pfeffer und Paprikapulver würzen und in heißem Öl von allen Seiten anbraten.
Ananasscheiben abtropfen lassen, den Saft auffangen. Ananassaft, Sahne und Weißwein angießen und ca. 20 Minuten zugedeckt schmoren. Ananasscheiben in Würfel, Banane in Scheiben schneiden und zusammen mit dem grünen Pfeffer zugeben. Bei starker Hitze alles 10 Minuten durchkochen lassen, bis die Soße sämig ist.
In der Zwischenzeit Reis nach Packungsanweisung zubereiten und mit Chilipulver bestreuen. Reis mit den Hasenrückenfilets servieren. Mit Cocktailkirschen und Minzeblättchen garnieren.

Hasenfilets mit Orangensoße

1 Hasenrücken, filetiert
Salz, Pfeffer
Butter
100 ml Rotwein
100 ml Wildfond
Saft und Schale 1 Orange
1 TL Bienenhonig
1 TL rosa Pfefferkörner
50 g Butter
1 Prise Cayennepfeffer

Die Hasenfilets würzen und in Butter rosa braten. Zugedeckt etwas ziehen lassen. Die Filets aus der Pfanne nehmen und warm stellen. Den Bratensatz entfetten und mit Rotwein ablöschen, etwas einkochen lassen. Den Wildfond mit dem Orangensaft darin auf 100 ml einkochen. Beides mit dem Honig, den Pfefferkörnern und der in Streifen geschnittenen Orangenschale mischen. Die Soße erhitzen, mit Cayennepfeffer würzen und zum Schluss die Butter flockenweise darunter rühren. Dazu passen Wirsing und glasierte Kastanien.

Hasenfilets à la Wellington

2 Pck. Hasenrückenfilets, TK (à 300 g)
je 1/2 Teelöffel gerebelten Thymian und Rosmarin
1 EL Zitronensaft
2 EL Speiseöl
2 EL Butterschmalz
Salz, Pfeffer
250 g Champignons
2 EL gehackte Pistazien
2 EL Petersilie, gehackt
3 cl Weinbrand
1 Pck. Tiefkühlblätterteig (= 450 g)
1 Eigelb

Hasenrückenfilets nach Packungsanweisung auftauen lassen, abwaschen und trockentupfen. Filets in eine Schüssel geben und mit Thymian und Rosmarin bestreuen. Zitronensaft und Speiseöl darüber träufeln und zugedeckt 24 Stunden ziehen lassen. Zwischendurch das Fleisch in der Marinade wenden. Hasenfilets anschließend gut abtropfen lassen, in erhitztem Butterschmalz kräftig anbraten, mit Salz und Pfeffer würzen. Champignons putzen und klein würfeln. Champignonwürfel mit Pistazien, Petersilie und Weinbrand vermengen. Blätterteig nach Packungsanweisung auftauen lassen und zu einer länglichen Teigplatte ausrollen. Die Hasenfilets auf die Mitte der Platte legen und mit der Champignonmischung umhüllen. Den Teig um die Füllung schlagen, auf ein mit kaltem Wasser abgespültes Backblech legen, mit Eigelb bestreichen und mit Teigresten garnieren (z. B. Blüten ausstechen). In die Teigoberfläche zwei bis drei kleinere runde Löcher schneiden, damit der Dampf beim Backen entweichen kann. Im vorgeheizten Backofen bei 200 Grad ca. 35 Minuten garen. Zum Anrichten das Fleisch in Scheiben schneiden. Dazu einen Salat reichen. Hierzu schmeckt Baguette und Rotwein.

Hasenfilets mit Weintrauben

(für 4–6 Personen)

1 Lollo rosso
250 g blaue Trauben
1 Zwiebel
1 Knoblauchzehe
8 EL Öl
4 Hasenrückenfilets
Salz, Pfeffer
100 ml Apfelsaft
5 grüne Pfefferkörner
1 EL Honig

Den Salat putzen, waschen und trockenschleudern. Die Trauben waschen, von den Stielen zupfen, halbieren und entkernen. Die Zwiebel pellen und fein würfeln. Den Knoblauch schälen und pressen. In einer Pfanne 4 EL Öl erhitzen. Die Filets salzen und pfeffern, bei mittlerer Hitze 2–3 Minuten anbraten, dann warm stellen. Zwiebel und Knoblauch in die Pfanne geben und glasig dünsten. Apfelsaft dazugießen. Grünen Pfeffer und Honig dazugeben und aufkochen lassen. Mit Salz würzen. Trauben und restliches Öl dazugeben und die Pfanne vom Herd nehmen. Den Salat auf den Tellern anrichten, die Filets in Scheiben schneiden und zur Soße servieren.

Hasenrückenfilets „Kronsbeere"

2 Pck. Hasenrückenfilets, TK (à 300 g)
2 EL Butterschmalz
Salz, gemahlener schwarzer Pfeffer
1 Schalotte
4 cl trockener Sherry
1 Glas Wildfond (ca. 400 ml)
4 EL Preiselbeeren (aus dem Glas)
Koriander
2 EL Crème double

Hasenrückenfilets nach Packungsanweisung auftauen lassen, abwaschen und trockentupfen. Butterschmalz in einer Pfanne erhitzen und das Fleisch von allen Seiten darin anbraten. Mit Salz und Pfeffer würzen, aus der Pfanne nehmen, in Alufolie einwickeln und warmhalten. Schalotte abziehen und würfeln. Das Bratfett abgießen und in dem verbliebenen Bratensatz die Schalotte anbraten. Mit Sherry und Wildfond ablöschen und auf ein Drittel einkochen lassen. Preiselbeeren zufügen, erneut aufkochen, mit Salz, Pfeffer und Koriander abschmecken. Die Filetstücke in der Soße einige Minuten ziehen lassen, herausnehmen und in Scheiben schneiden. Fächerartig auf Tellern anrichten. Die Soße mit Crème double verfeinern und über das Fleisch geben. Als Beilage dazu schmecken Gnocchi mit frischem Koriander.

Hasenfilet mit Rosenkohl

750 g Rosenkohl
Salz, Pfeffer
4 Hasenrückenfilets
8 Scheiben Speck
2 EL Öl
1 Glas Pfifferlinge (212 ml)
1 Zwiebel
8 Aprikosenhälften (Dose)
8 TL Preiselbeeren
20 g Butter
Muskat
Salz
100 ml Rotwein
100 g Schlagsahne
2 EL dunkler Soßenbinder

Rosenkohl putzen und waschen. In wenig kochendem Salzwasser 15–20 Minuten dünsten. Fleisch waschen, trockentupfen und mit Pfeffer würzen. Filets mit Speck umwickeln. Öl in einer Pfanne erhitzen. Filets bei mittlerer Hitze 8–10 Minuten braten, ab und zu wenden. Pilze abtropfen lassen. Zwiebel schälen, fein würfeln. Die Aprikosen mit Preiselbeeren füllen. Rosenkohl abgießen, Butter erhitzen. Zwiebelwürfel und Pilze darin andünsten. Rosenkohl zufügen und alles vorsichtig mischen. Mit Salz, Pfeffer und Muskat würzen. Fleisch herausnehmen und warm stellen. Bratfond mit 1/8 l Wasser, Wein und Sahne ablöschen. Aufkochen, Soßenbinder einrühren, nochmals aufkochen. Mit Salz und Pfeffer würzen. Etwas köcheln lassen. Filets aufschneiden und mit Rosenkohl und Aprikosenhälften anrichten, mit der Soße servieren.

Dippehas

(für 6 Portionen)

1/4 l Wasser
1/4 l Rotwein
2 Beutel Bratenfix
850 g Hasenteile
(mit Knochen)
500 g Schweinebauch
2 Scheiben Schwarzbrot

Wasser und Rotwein erwärmen, Bratenfix einrühren und zum Kochen bringen. Hasenteile und Schweinebauch zugeben, aufkochen und bei geringer Wärmezufuhr zugedeckt ca. 1 Stunde schmoren. Gelegentlich umrühren. Schwarzbrot zerbröckeln, zufügen und weitere 30 Minuten zugedeckt schmoren. Schweinebauch herausnehmen, in Scheiben schneiden, mit den Hasenteilen anrichten und die Soße darüber gießen.

Hasenkasserolle

50 g Butter
100 g durchwachsener Speck
1 Zwiebel
1 küchenfertiger Hase
1/4 l Hühnerbrühe
Salz, Pfeffer

Für die Soße:
5 EL Olivenöl
175 g Presswurst oder Schwartenmagen
1 Hasen- oder Hühnerleber
1/4 l Hühnerbrühe
25 g Petersilie, gehackt
Saft einer halben Zitrone

Die Butter in einer Kasserolle erhitzen, den in Würfel geschnittenen Speck und die fein gehackte Zwiebel hineingeben und bei mäßiger Hitze 5 Minuten braten. Den gesäuberten Hasen in Portionsstücke schneiden, ebenfalls in die Kasserolle geben, die Brühe zugeben und mit Salz und Pfeffer würzen. Alles zum Kochen bringen, anschließend die Temperatur herunterschalten und 2 Stunden köcheln lassen.
In der Zwischenzeit die Soße vorbereiten. Dafür das Öl in einer schweren Pfanne erhitzen, die in Würfel geschnittene Wurst und die ebenfalls gewürfelte Leber hinzufügen und 5 Minuten anbräunen. Brühe und Petersilie hinzufügen und mit Salz und Pfeffer abschmecken. 30 Minuten lang köcheln lassen, bis die Soße dick zu werden beginnt. Den Zitronensaft unterrühren und die Soße 10 Minuten vor Ende der Garzeit in die Hasenkasserolle rühren.

Kaninchenroulade mit Eierkuchen

1 junges Kaninchen
Leber und Nieren des Kaninchens
1 kleine Zwiebel
80 g Butterschmalz
2 Eier
Salz
Pfeffer
3 Zweige Thymian
3 Salbeiblätter
1/8 l Fleischbrühe
1/8 l Weißwein
Butter

Das ausgenommene Kaninchen vorsichtig entbeinen und mit einem großen Messer oder Fleischklopfer ganz flach drücken. Leber und Nieren sehr fein hacken, ebenso die Zwiebel. Innereien und Zwiebel in wenig Butterschmalz anbraten. Die Eier mit einem Schneebesen locker aufschlagen, salzen und pfeffern. Mit etwas Butterschmalz daraus ein Omelett braten. Auf das flach gedrückte Kaninchen breiten und abwechselnd darauf Thymianblättchen, Salbei und die mit der Zwiebel gemischten Innereien legen. Das Fleisch wie einen Rollbraten aufrollen und mit Küchengarn straff binden. Mit Salz und Pfeffer würzen und in heißem Butterschmalz knusprig braten. Etwas Brühe und Wein zum Fleisch gießen, Deckel schließen und eine Stunde schmoren lassen. Kurz vor Ende der Garzeit mit der restlichen Brühe und dem Wein aufgießen und mit etwas Butter binden. Kaninchenroulade dünn aufschneiden und zusammen mit der Soße anrichten. Dazu passen gedünsteter Wirsing und Kartoffelpürree.

Kaninchenrouladen

4 küchenfertige Kaninchenrückenstücke
1 EL Öl
2 Zwiebeln
Salz
2 Lorbeerblätter
1 TL Pfefferkörner
weißer Pfeffer
2 EL Senf
75 g Frühstücksspeck
1 Bund Suppengrün
3 EL Kaffeesahne
2–3 EL Ketchup

Rückenfilets vom Knochen lösen. Längs zu 8 Rouladen aufschneiden. Knochen hacken und im Öl anrösten. 1 Zwiebel schälen, halbieren, mit 3/4 l Wasser , 1/2 TL Salz, Lorbeer und Pfefferkörnern zu den Knochen geben und ca. 1 Stunde köcheln lassen. Zweite Zwiebel schälen, würfeln. Rouladen flach drücken, würzen und mit Senf bestreichen. Zwiebeln und die Hälfte Speck darauf verteilen, aufrollen. Mit Küchengarn umwickeln. Suppengrün putzen, klein schneiden. Übrigen Speck würfeln, im Bräter auslassen. Rouladen darin kräftig anbraten. Suppengrün mit anrösten. Sahne und Ketchup zugeben, Brühe durchsieben, zum Fleisch gießen. Im heißen Backofen bei 175 °C zugedeckt etwa 1 Stunde schmoren. Rouladen herausnehmen, warm stellen. Schmorfond pürieren, abschmecken.

Geschmortes Kaninchen mit Käsesoße

1 küchenfertiges Kaninchen (ca. 1,2 kg)
1 Knoblauchzehe
500 g Schalotten
3–4 EL Pflanzenfett
200 ml kräftige Fleischbrühe
200 ml Rotwein
3 Zweige Zitronenthymian
1 Weichkäse mit Rotkulturen
100 g Crème fraîche
1 TL Soßenbinder, hell

Das Kaninchen in 8 Teile zerlegen, waschen, trockentupfen. Knoblauch und Schalotten schälen. Pflanzenfett in einem Bräter erhitzen und die Kaninchenteile darin von allen Seiten knusprig braun anbraten. Knoblauch und Schalotten zufügen, ebenfalls leicht anbraten. Brühe und Wein angießen, Zitronenthymian waschen und dazugeben. Alles kurz aufkochen lassen und bei mittlerer Hitze ca. 35 Minuten schmoren. Den Käse entrinden und in Stücke schneiden. Kaninchenteile und Schalotten aus dem Bräter nehmen und warm stellen. Den Käse mit der Crème fraîche in den Bratenfond geben und so lange unter Rühren erhitzen, bis der Käse geschmolzen ist. Den Soßenbinder einstreuen, alles nochmals kurz aufkochen lassen. Die Kaninchenteile und Schalotten mit der Soße servieren.

Kaninchen mit Oliven

1 Kaninchen
7 EL Olivenöl
2 Knoblauchzehen
1 Rosmarinzweig, gehackt
1/4 l Rotwein
Salz, Pfeffer
6–8 EL Hühnerbrühe
2 Tomaten
150 g schwarze Oliven

Das Kaninchen säubern und in Portionsstücke teilen. Das Öl in einer Kasserolle erhitzen, die Kaninchenstücke hineingeben und mit dem klein gehackten Knoblauch und Rosmarin bestreuen. Unter Wenden langsam von allen Seiten braun anbraten. Wein hinzugießen, mit Salz und Pfeffer würzen und das Kaninchen bei geschlossenem Deckel 30 Minuten köcheln lassen, dabei von Zeit zu Zeit etwas Brühe hinzufügen. Inzwischen die Tomaten enthäuten und zerstampfen, die Oliven halbieren und entkernen. Beides in die Kasserolle geben und weitere 40 Minuten schmoren, bis das Fleisch weich ist.

Kaninchen nach Art der Franzosen

1,2 kg Kaninchenteile
Steak-Kräuter-Würzmischung
3 EL Sonnenblumenöl
2 Knoblauchzehen
125 g Schalotten
1/4 l Weißwein
1/4 l Wasser
2 EL Soßenbinder, dunkel
125 ml süße Sahne
2 EL scharfer Senf

Kaninchenteile waschen, Rücken in zwei Teile zerlegen. Alle Teile mit Würzmischung kräftig würzen. Das Öl erhitzen und das Fleisch von allen Seiten anbraten. Den Knoblauch schälen und pressen, die Schalotten ebenfalls schälen, beides zum Fleisch geben. Den Wein und Wasser zugießen, zugedeckt ca. 40 Minuten schmoren. Fleisch und Zwiebeln herausnehmen und warm stellen. Die Soße mit Soßenbinder leicht binden. Die Sahne und den Senf unter die Soße rühren und zu dem Fleisch servieren. Dazu passen Pommes frites, Kroketten oder Tagliatelle.

Estragon-Kaninchen

1 Kaninchen
3–4 Zwiebeln
1 Töpfchen frischer Estragon
20 g Butterschmalz
Salz, weißer Pfeffer
1/8 l Weißwein
500 g Möhren
250 g Champignons
1 EL Butter
1 TL Gemüsebrühe
1/2 Bund Petersilie
150 g Schlagsahne
2 EL mittelscharfer Senf

Kaninchen in 8–10 Teile zerlegen, waschen und trockentupfen. Zwiebeln schälen und in Spalten schneiden. Estragon waschen, abzupfen. Butterschmalz erhitzen, Fleisch darin unter Wenden anbraten, würzen. Zwiebeln zufügen und andünsten. Estragon zufügen und mit Wein und 1/4 l Wasser ablöschen, aufkochen. Alles zugedeckt 1 1/4 –1 1/2 Stunden schmoren.

Möhren schälen, waschen und in Stücke schneiden. Pilze putzen, waschen und in heißer Butter anbraten. Würzen und herausnehmen. Möhren im Bratfett andünsten. Mit 100 ml Wasser ablöschen und aufkochen. Die Brühe einrühren und ca. 10 Minuten garen. Pilze zufügen und erhitzen. Petersilie waschen, hacken und darüber streuen. Sahne und Senf nach ca. 30 Minuten zum Fleisch geben, etwas einkochen lassen. Das Estragon-Kaninchen mit dem Möhren-Pilz-Gemüse und der Soße servieren.

Kaninchen in Senfsoße

600 g Kaninchen (Keule oder Rücken)
Salz, Pfeffer
8 EL mittelscharfer Senf
300 g Schalotten
200 g breite Bohnen
1 Bund junge Karotten
8 kleine Kartoffeln
2 EL Öl
50 ml Balsamicoessig
100 g schwarze Oliven
100 g kalte Butterstückchen
1 Bund Petersilie, gehackt

Das Kaninchen in größere Stücke schneiden, mit Salz und Pfeffer würzen und mit 6 EL Senf bestreichen. Die Schalotten schälen und größere evtl. halbieren. Die Bohnen putzen und in breite Streifen schneiden. Karotten und Kartoffeln ebenso schälen. Dann das Kaninchen in einem Schmortopf bei mittlerer Hitze mit etwas Öl vorsichtig anbraten. Nach 5 Minuten die Kartoffeln und Schalotten dazugeben und mitbraten. Nach weiteren 5 Minuten mit Balsamicoessig ablöschen. Das restliche Gemüse und die Oliven dazugeben und mit 1 Tasse Wasser aufgießen. Dann 35 Minuten mit geschlossenem Deckel auf kleiner Hitze schmoren lassen. Zwischendurch mit Bratensaft begießen und bei Bedarf noch etwas Flüssigkeit nachgießen. Dann den Bratensaft in einen kleinen Topf abgießen und mit dem restlichen Senf und Butterflocken aufschlagen, aber nicht mehr kochen. Die Petersilie zugeben und das Gericht nochmals abschmecken, in einer Schüssel servieren.

Kaninchenkeulen in Klementinen-Senfsoße

4 Kaninchenkeulen (à 200 g)
Salz, Pfeffer
1 Zwiebel
1 Knoblauchzehe
5 Klementinen
2 EL Butterschmalz
1 TL getrockneter Thymian
200 ml Gemüsebrühe
3 EL Crème fraîche
1 TL mittelscharfer Senf

Fleisch abspülen, trockentupfen, salzen und pfeffern. Zwiebel und Knoblauch schälen, fein hacken. 2 Klementinen auspressen. Butterschmalz in einem Bräter erhitzen, die Keulen darin rundherum goldbraun anbraten. Zwiebel, Knoblauch, Klementinensaft, Thymian und Brühe zufügen. Fleisch zugedeckt etwa 50 Minuten schmoren. Übrige Klementinen schälen, in Spalten teilen und die Spalten längs halbieren. Fleisch aus dem Bräter nehmen und warm stellen. Schmorflüssigkeit durch ein Sieb in einen Topf gießen und mit Crème fraîche und Senf verrühren. Die Klementinenspalten hineingeben. Die Soße etwas einköcheln lassen und mit Salz und Pfeffer abschmecken.

Kaninchen mit Backpflaumen

Für die Marinade:
2 Zwiebeln
2 Möhren
1/4 Sellerieknolle
1 Petersilienwurzel
2 Lorbeerblätter
5 Wacholderbeeren
2 Zweige Thymian
5 Pfefferkörner
Salz, Pfeffer
1 EL Zuckerrübensirup
1/2 l Rotwein
700 ml Brottrunk

Für den Braten:
1 Kaninchen
350 g Trockenpflaumen
50 g Butter
2 EL Mehl
2 Zwiebeln
2–3 EL Enzym-Ferment-Getreide (Reformhaus)
1 EL Johannisbeergelee

Das für die Marinade gedachte Gemüse putzen und waschen. Die Zwiebeln schälen und vierteln, Möhren, Sellerie und Petersilienwurzel klein schneiden und alles zusammen mit den Gewürzen, dem Zuckersirup und dem Rotwein aufkochen. Abkühlen lassen und den Brottrunk zugeben.
Das Kaninchen in Portionsstücke teilen, mit kaltem Wasser abbrausen. Die Kanichenstücke in die Marinade einlegen, kalt stellen und 1 1/2 Tage ziehen lassen.
Die Backpflaumen über Nacht einweichen lassen. Die Butter erhitzen und die Kaninchenteile darin scharf anbraten. Mit Mehl bestäuben und mit 1/2 l Wasser und 1/2 l Marinadenflüssigkeit auffüllen. Die Zwiebeln schälen, vierteln und zusammen mit den eingeweichten Backpflaumen zum Braten geben. Den Kaninchenbraten im vorgeheizten Ofen bei 180–200 °C etwa 1 1/2 Stunden garen lassen. Dabei die Fleischstücke mehrmals wenden und gegebenenfalls Marinade auffüllen. Nach dem Garen die Soße mit Fermentgetreide und Johannisbeergelee abschmecken und servieren.

TIPP *Kaninchen lässt sich vielseitig zubereiten, man kann es schmoren, braten, füllen oder als Salatfleisch verwenden. Am zartesten sind Kaninchen, wenn sie 3–8 Monate alt sind. Ihr Fleisch erinnert dann an das von Hähnchen.*

Gefüllte Wildente auf Champignons

2 Wildenten à 750 g
Salz, Pfeffer
2 TL Rosmarin
2 Zwiebeln
Pflanzenfett
500 g Champignons
200 g Schweinemett
3 EL Petersilie, gehackt
75 g zerlassenes Pflanzenfett
1 EL Mehl
4 EL Sahne

Enten innen und außen salzen, pfeffern und mit Rosmarin einreiben. Zwiebeln schälen, würfeln und in etwas Pflanzenfett anbraten. 200 g geputzte, blättrig geschnittene Champignons zugeben und einige Minuten kräftig durchbraten. Abgekühlt in einer Schüssel mit dem Schweinemett und der Petersilie mischen, salzen und pfeffern. Enten damit füllen, mit Holzspießchen zustecken, dressieren und in einen flachen Bräter legen. Mit zerlassenem Pflanzenfett übergießen. Im vorgeheizten Ofen bei 225 °C 50 Minuten braten. Ab und zu Wasser angießen und die Enten häufig mit der Bratenflüssigkeit übergießen. Weitere 300 g Champignons dazugeben und noch 10 Minuten mitgaren. Würzen, dann Ente und Pilze aus dem Bräter nehmen, mit Alufolie abgedeckt warm stellen. 1 EL Mehl im Bratfond anschwitzen. Mit Wasser ablöschen und auf knapp 3/8 l auffüllen. Sahne unterrühren.

Wildente friesisch

(für 2 Personen)

1 Wildente
Salz, Pfeffer
1 Zitronenscheibe
Salbei
Beifuß
100 g geräucherter Speck
75 g Butter
1 Möhre
1/2 Glas Weißwein
1/8 l saure Sahne

Die sorgfältig gesäuberte Ente außen und innen salzen und pfeffern. Die Zitronenscheibe und die Gewürze in das Innere der Ente geben. Mit Speckscheiben umwickeln. Kurz in Butter anbraten und wiederholt mit Butter übergießen. Währenddessen Möhre schälen, putzen und fein raspeln. Nach dem Anbraten die geraspelte Möhre hinzugeben, kurz mitdünsten, dann den Wein und die saure Sahne zufügen. Erneut salzen und pfeffern. Die Wildente etwa 30 Minuten garen lassen.

Gefüllte Entenbrust

150 g Pfifferlinge
Sesamöl
2 Eier
100 g gemahlene Mandeln
150 g geräucherten und geriebenen Ricottakäse
Salz, Pfeffer
2 küchenfertige Entenbrüste à 300 g
Paprikapulver
1 EL Honig
30 g Zucker
10 g Butter
20 ml Balsamessig
60 ml Madeira
200 g rote und gelbe Paprika
40 ml Sojasoße
1 EL Speisestärke

Pfifferlinge waschen und putzen, in einigen Tropfen Sesamöl anbraten. In der Küchenmaschine die Pfifferlinge fein pürieren, danach mit 2 Eiern, den gemahlenen Mandeln und dem Ricottakäse vermengen, mit Salz und Pfeffer würzen und kühl stellen. In die küchenfertigen Entenbrüste eine Tasche schneiden, diese dann mit der vorbereiteten Farce füllen und die Entenbrüste von außen mit Pfeffer aus der Mühle, Salz, Paprika und Honig würzen. Die Entenbrüste nun von beiden Seiten scharf anbraten und im Backofen bei 180 °C ca. 15 Minuten offen braten. Anschließend aus dem Backofen nehmen und an einer warmen Stelle zugedeckt 5 Minuten ziehen lassen.

Den Zucker mit 10 g Butter mittelbraun karamellisieren und mit dem Balsamessig und dem Madeira ablöschen, etwas einkochen lassen. Die Paprika schälen, in feine Würfel schneiden und dazugeben. Mit Sojasoße auffüllen und abschmecken, anschließend mit der glatt gerührten Speisestärke leicht abbinden.

Dazu reicht man Ananasrisotto und gebackene Chicoréeblätter.

Wildente mit Orangen

(für 2 Personen)

1 Wildente
Salz, Pfeffer
1 EL Butter
2 cl Weinbrand
etwas Orangenschale, gerieben
2 Scheiben Speck
50 g Butter
etwas Brühe
Saft von 2 Orangen
2 Orangen zum Zerteilen

Die gesäuberte und trockengetupfte Ente innen salzen, außen pfeffern. Die Butter mit dem Weinbrand und den geriebenen Orangenschalen verkneten und das Innere der Ente damit ausstreichen. Mit den Speckscheiben ummanteln, mit heißer Butter übergießen und von allen Seiten anbraten. Mit Brühe ablöschen und gar schmoren. Den Orangensaft hinzugeben und die Ente darin einige Minuten ziehen lassen. Die Orangen schälen, entkernen und in Scheiben schneiden. Im Ententopf kurz erwärmen.

Nudelkissen mit Entenleber

(für 6 Personen)

Für die Nudelkissen:
12 Nudelplatten
200 g Entenfleisch
50 g Entenleber
50 g Shiitake-Pilze
10 g Butter
Salz, Pfeffer
10 ml Cognac
50 ml Sahne
1 Ei
Muskat
1 Eiweiß

Für das Shiitake-Ragout
300 g Shiitake-Pilze
1 Knoblauchzehe
2 EL Erdnussöl
2 EL kalte Butter
1 TL Schalotten, fein gehackt
100 ml Sahne
Salz, Pfeffer
1 TL Petersilie, fein gehackt

120 g Entenleber
1 EL Mehl
1 EL Butterschmalz
1 cl Portwein
Salz, Pfeffer

Die Nudelplatten mindestens 45 Minuten in Wasser einweichen lassen. Das Entenfleisch fein pürieren. Die fein gewürfelte Entenleber und die geputzten Shiitake-Pilze in der heißen Butter anbraten, mit Salz und Pfeffer würzen, abkühlen lassen. Die abgekühlte Mischung mit dem Cognac beträufeln. Das pürierte Entenfleisch mit der Sahne und dem Ei vermischen, mit Salz, Pfeffer und Muskat würzen und die Pilzmischung unterheben. 6 Nudelplatten an den Rändern mit verquirltem Eiweiß bestreichen. In der Mitte der Nudelplatten je 1/6 der Entenfarce verteilen, die restlichen Nudelplatten über die Farce legen und die Ränder fest andrücken. Die Nudelkissen 10–15 Minuten in Salzwasser köcheln lassen.

Die Pilze putzen, Knoblauchzehe schälen. Das Öl erhitzen, die Pilze und die Hälfte der Butter zugeben und bei starker Hitze schwenken. Die Schalotten zugeben, kurz mitdünsten und dann den Knoblauch darüber pressen. Sobald die Pilze Flüssigkeit abgeben, diese aus der Pfanne nehmen und beiseite stellen. Den Fond mit Sahne ablöschen und etwas einkochen lassen. Die restliche Butter unterrühren, die Pilze wieder in den Fond geben, abschmecken und mit Petersilie bestreuen.

Die Entenleber enthäuten, in etwa 1 cm große Würfel schneiden und mit dem Mehl bestäuben. Das Butterschmalz erhitzen und die Leberwürfel darin kurz anbraten und mit dem Portwein, Salz und Pfeffer würzen.

Nudelkissen mit Entenleber und Pilzragout auf Tellern anrichten und servieren.

Gefüllter Fasan

1 küchenfertiger Fasan (ca. 1,2 kg)
1 Packung Naturreis (= 250 g)
50 g Sultaninen
4 EL Cognac
Salz, Pfeffer
150 g Walnusskerne
1 Ei
1 kleine Möhre
2 kleine Zwiebeln
1 Zweig frischer Thymian
1/2 Bund Petersilie
1 Lorbeerblatt
Fett für den Bräter
1/4 l Brühe
100 g Steinpilze
2 EL Speiseöl
200 g grüne Bohnen (TK)
2 EL gehackte Kräuter

Den Fasan waschen und trockentupfen. Das Herz und die Leber waschen und fein hacken. Reis nach Packungsanleitung zubereiten. Die Sultaninen ca. 10 Minuten in Cognac einweichen, abtropfen lassen und den Cognac auffangen. Die Innereien mit Salz und Pfeffer würzen, mit Sultaninen, Walnüssen, einem Viertel des gekochten Reises und Ei vermengen. Den Fasan damit füllen, zunähen und mit Salz und Pfeffer würzen. Möhre schälen, eine der Zwiebeln abziehen und beides in Stücke schneiden. Kräuter und Lorbeerblatt zusammenbinden. Fasan, Möhren- und Zwiebelstücke sowie Kräuterbündel in einen gefetteten Bräter geben und im vorgeheizten Backofen bei 200 °C (Gas Stufe 3) ca. 10 Minuten braten, Brühe angießen und zugedeckt weitere 60 Minuten schmoren. Pilze putzen, waschen, restliche Zwiebel abziehen, beides fein würfeln und in erhitztem Öl andünsten. In der Zwischenzeit die Bohnen in kochendem Salzwasser zehn Minuten garen. Restlichen Naturreis mit Pilzen und gehackten Kräutern mischen, zusammen erwärmen und in gefettete Förmchen drücken. Fasan aus dem Bräter nehmen, warm stellen. Cognac in den Bratenfond geben und kurz aufkochen. Nach Wunsch die Soße mit Sahne verfeinern und etwas Speisestärke binden. Fasan tranchieren. Reis auf Teller stürzen und mit Fasan und Füllung, grünen Bohnen und Soße anrichten.

Fasan mit Salbei

100 g roher Schinken
50 g Speck
einige Salbeiblätter
1 küchenfertiger Fasan
Salz, Pfeffer
4 dünne Speckscheiben
Öl für den Bräter

Schinken und Speck würfeln und mit den gehackten Salbeiblättern vermischen. Den Fasan säubern und innen salzen und pfeffern. Anschließend mit der Schinken-Speck-Mischung füllen und die Öffnung mit Küchengarn zunähen. Dann den Fasan mit den Speckscheiben belegen und diese mit Garn befestigen. Den Fasan in einen geölten Bräter legen und im vorgeheizten Backofen bei mittlerer Hitze ca. 40 Minuten braten, dabei gelegentlich mit dem Bratensaft begießen. Vor dem Servieren die Fäden entfernen, den Fasan auf eine vorgewärmte Platte setzen, mit Bratensaft beträufeln und mit Salbeiblättern garnieren.

Fasan auf Sauerkraut

1 küchenfertiger Fasan (800 g)
Salz, weißer Pfeffer
Thymian
6 Wacholderbeeren
2 dünne Speckscheiben
70 g Butterschmalz
1 Glas Weißwein
1/8 l süße Sahne

Für das Sauerkraut:
500 g Weinsauerkraut
2 EL Butterschmalz
Salz, weißer Pfeffer
1 Lorbeerblatt
2 Gewürznelken
400 g Weintrauben

Fasan waschen, trockentupfen und innen und außen mit Salz und Pfeffer einreiben. Thymian und Wacholderbeeren im Mörser fein zerdrücken und den Fasan damit innen würzen. Dann mit Speckscheiben umwickeln und mit Küchengarn festbinden. Mit der Brust nach unten in einen flachen Bräter legen. Butterschmalz erhitzen und den Fasan damit begießen. Bei 220 °C 15 Minuten braten. Mit Weißwein ablöschen und unter ständigem Begießen mit dem Bratenfett goldgelb braten. Das dauert etwa 30–40 Minuten. Den Bratfond mit etwas kaltem Wasser loskochen und die Sahne einrühren.
Das Weinsauerkraut in zerlassenem Butterschmalz anbraten, Gewürze und etwas Wasser zugeben. Zugedeckt 30 Minuten garen. Die Weintrauben waschen, entkernen und zum Schluss kurz mitgaren. Das Lorbeerblatt entfernen. Den Fasan auf dem Sauerkraut anrichten.

Fasan piemontesischer Art

1 küchenfertiger Fasan
Salz
4 Scheiben Speck
4 EL Olivenöl
1 Zwiebel
1 Karotte
1 Stange Staudensellerie
1 Lorbeerblatt
Hühnerbrühe

Den Fasan säubern und innen und außen mit Salz bestreuen. Mit den Speckscheiben umwickeln und diese mit Garn befestigen. Das Öl in einer Kasserolle erhitzen, die geputzten und in Würfel geschnittenen Gemüse und das Lorbeerblatt hineingeben und andünsten, bis sie ein wenig Farbe angenommen haben. Den Fasan in den Topf legen und von allen Seiten langsam braun anbraten. Die Temperatur herunterschalten und den Fasan bei geschlossenem Deckel ca. 40 Minuten schmoren; dabei von Zeit zu Zeit ein wenig Brühe zugießen, um ein Anbrennen zu vermeiden. Den Fasan aus dem Topf nehmen, Speck entfernen, in Portionsstücke schneiden und mit dem Gemüse servieren. Dazu passt Risotto.

Gefüllte Wachteln mit Riesengarnelen

(für 8 Personen)

8 Wachteln
1/2 TL Wasabipulver (Asienladen)
8 Riesengarnelen
2 Noriblätter (Asienladen)
80 g Zanderfilet
80 g Tofu
150 ml Sahne
10 getrocknete Trompetenpilze
etwas Zucker

2 EL brauner Zucker
2 EL Reis-Essig
100 ml Sake, 1 EL Honig
20 ml Rotwein
4 EL Sojasoße

Für die Möhrenblüten:
400 g Möhren
3 Auberginen, Salz
100 g Tofu,
1 TL Miso-Paste
2 EL Sojasoße
1 TL Sesamöl
2 Bund Koriander
Öl zum Backen

4 Süßkartoffeln
1 EL Sojasoße, 1 EL Honig
1 EL Zimt, 1 Ei
50 g Sesamsamen
16 weiße Rübchen

Die Wachteln vom Rücken her auslösen, mit Wasabipulver würzen. Von den Knochen einen Fond kochen. Die Garnelen halbieren (1 Teil= Mittelstück, 1 Teil=Farce). Das Mittelstück aufspießen und im Noriblatt einwickeln. Die restlichen Stücke mit dem Zander, dem Tofu, der Sahne und den Pilzen zu einer Farce verarbeiten. Die Wachteln mit der Farce und dem Mittelstück füllen und in Form bringen. Bei 160 °C 15 Minuten braten und danachmit etwas Zucker glacieren.
Für die Soße den Zucker karamellisieren, mit Essig, Sake und Rotwein ablöschen, die Sojasoße, den Honig und den aus Knochen gekochten Fond hinzufügen.
Für die Möhrenblüten die Möhren in Scheiben schneiden, blanchieren und in Körbchen zu Blüten ausbacken. Die Auberginen im Backofen auf Salz backen, bis die Haut Blasen wirft, dann aushöhlen und mit Tofu, Misopaste, Sojasoße und Sesamöl im Mixer pürieren und abschmecken. Die Korianderblätter zupfen und in etwas Öl ausbacken. Die Möhrenblüten mit dem Auberginenpürée füllen, die Korianderblätter darauf geben.
Die Süßkartoffeln in der Schale kochen, in Scheiben schneiden und mit einer ovalen Form ausstechen. Mit Sojasoße, Zimt und Honig marinieren, im zerschlagenen Ei wälzen, mit Sesamsamen panieren, und in der Pfanne braten.
Die weißen Rübchen im Zucker, Salz, Sake und Wasser glacieren.
Die Wachteln schräg nach vorne aufschneiden, sodass das Garnelenstück zu sehen ist. Die Wachteln auf der Soße anrichten, Möhrenblüte, Süßkartoffeln und Rüben dekorativ anrichten.

Wachteln mit Sonnenblumenkernen

8 Wachteln (gerupft und ausgenommen)
Salz, Pfeffer
5 EL Sonnenblumenkerne
2 Mozzarella (300 g)
2 EL Majoran
2 Eier
60 g Butter
etwas Hühnerbrühe (Instant)

Die Wachteln waschen und trockentupfen. Innen und außen kräftig salzen und pfeffern. 4 EL Sonnenblumenkerne rösten und mit dem in Stücke geschnittenen Mozzarella, dem Majoran, den Eiern, Salz und Pfeffer so pürieren, dass es eine gebundene Masse ergibt. Damit die Wachteln prall füllen. Die Öffnungen jeweils mit zwei kreuzweise gestochenen Zahnstochern verschließen. Mit nach oben gelegten Bäuchen die Wachteln auf ein Blech legen. Mit Butterflöckchen belegen. Bei 200 °C 50 Minuten braten. Nach 10 Minuten mit etwas Hühnerbrühe übergießen. Nach 40 Minuten 1 EL Sonnenblumenkerne über die Wachteln streuen und mitbräunen lassen.
Dazu passt ein Kartoffel-Apfel-Gratin.

Wachteln mediterraner Art

(für 4–6 Personen)

6 Wachteln
Salz
6 Knoblauchzehen
1–2 rote Chilischoten
30 g durchwachsener Speck
3 EL Olivenöl
12 Salbeiblätter
250 g Oliven, gemischt
40 g Rosinen
1/4 l Geflügelfond aus dem Glas
1/2 Bund glatte Petersilie

Wachteln halbieren, waschen, trockentupfen, flach drücken und salzen. Den Knoblauch schälen und halbieren. Die Chilischoten entkernen und klein schneiden. Den Speck fein würfeln und im Olivenöl glasig braten.
Die Wachteln auf der Hautseite im Speckfett anbraten und herausnehmen. Knoblauch, Salbei und Chili im Fett andünsten. Oliven, Rosinen und 1/8 l Fond dazugeben.
Die Wachteln mit der Haut nach oben auf die Olivenmischung legen. Auf der mittleren Schiene im Backofen bei 250 °C 15 Minuten braten, dann auf einem Backblech 3 Minuten übergrillen.
Die Petersilie hacken. Den restlichen Fond in den Bräter gießen und auf dem Herd aufkochen. Petersilie untermischen, nachwürzen und mit den Wachteln servieren.

BILDNACHWEIS

Für die freundliche Überlassung des Bildmaterials danken wir folgenden Firmen (in alphabetischer Reihenfolge):

Friendship: Die Gilde, Hamburg:
Butaris für die Seiten 21, 71, 89

Gabriele Fiedler PR, Hamburg:
Surig-Essig-Essenz für die Seite 39

Herbert Wirths PR, Fischach:
Kanne Brottrunk für die Seiten 33, 39, 79
Rotkäppchen für die Seite 11

Ketchum Public Relations, München:
Kikkoman für die Seiten 13, 83, 90
Thomy für die Seite 77
Deutsches Teigwareninstitut für die Seite 85
USA Sonnenblumenkerne für die Seiten 7, 92
Meggle für die Seite 23

Maggi Kochstudio, Frankfurt am Main, für die Seiten 17, 69, 75

The Food Professionals Köhnen GmbH, Sprockhövel:
Bonduelle für die Seite 9
Geti Wilba für die Seiten 15, 31, 35, 43, 45, 47, 49, 51, 53, 55, 57, 59, 61, 63, 65, 67
Birkel für die Seite 37
Uncle Ben's für die Seite 87

Union Deutsche Lebensmittelwerke, Hamburg:
Biskin Spezial für die Seite 19
Bresso für die Seiten 29,73
Palmin für die Seiten 27, 81

wpr-communication, Königswinter:
CMA für die Seite 25